HULIO KORTASAR

# TAMO NEKI LUKA

IZDAVAČKO PREDUZEĆE „RAD"
BEOGRAD

*Propos de mes Parents:*
*– Pauvre Léopold!*
*Maman:*
*– Cœur trop impressionnable...*
*Tout petit, Léopold était déjà singulier.*
*Ses jeux n'étaient pas naturels.*
*A la mort du voisin Jacquelin, tombé d'un prunier,*
*il a fallu prendre des précautions. Léopold grimpait*
*dans les branches les plus mignonnes de l'arbre fatal...*
*A douze années, il circulait imprudemment sur*
*les terasses et donnait tout son bien.*
*Il recueillait les insectes morts dans le jardin*
*et les alignait dans les boîtes de cocquillages*
*ornées de glaces intérieures.*
*Il écrivait sur des papiers:*
*Petit scarabée – mort.*
*Mante religieuse – morte.*
*Papillon – mort.*
*Mouche – morte...*
*Il accrochait des banderoles aux arbres du jardin.*
*Et l'on voyait les papiers blancs se balancer*
*au moindre souffle du vent sur les parterres de fleurs:*
*Papa disait:*
*– Etudiant inégal...*
*Cœur aventureux, tumultueux et faible.*
*Incompris des ses principaux camarades*
*et de Messieurs les Maîtres. Marqué du destin.*
..................................................................
*Papa et Maman:*
*– Pauvre Léopold!*

Maurice Fourré
La nuit du Rose-Hôtel

Hulio Kortasar
TAMO NEKI LUKA

REČ I MISAO
KNJIGA 522

Urednik
JOVICA AĆIN

Sa španskog prevela
ALEKSANDRA MANČIĆ

*Izvornik*
Julio Cortázar
Un tal Lucas (1979)
Alfaguara / Santillana, Madrid 1994

*Razgovori mojih Roditelja:*
*– Jadni Leopold!*
*Mama:*
*– Previše je osetljivog srca...*
*Još kao veoma mali, Leopold je već bio izuzetan.*
*Nije se on igrao kao ostala deca.*
*Kad je umro sused Žaklen, pošto je pao sa šljive,*
*trebalo je preduzeti mere predostrožnosti. Leopold je skakao*
*po najtananijim grančicama kobnog drveta...*
*U dvanaestoj godini, neoprezno je trčkarao po*
*terasama, sav se tome posvetio.*
*Skupljao je crknute bube po bašti*
*i razvrstavao ih po kutijama od školjki,*
*iznutra obloženim staklom.*
*Pisao je na ceduljicama:*
*Mala skarabeja – mrtva.*
*Bogomoljka – mrtva.*
*Leptir – mrtav.*
*Muva – mrtva...*
*Kačio je barjačiće po drveću u bašti.*
*I tako su se videle bele ceduljice u lejama sa cvećem,*
*kako se ljuljaju na najmanji dašak vetra.*
*Tata je govorio:*
*– Učenik bez premca...*
*Pustolovno srce, nemiran i nejak.*
*Neshvaćen među najboljim drugovima*
*i Gospodom Učiteljima. Obeležen sudbinom.*
..................................................................
*Tata i Mama:*
*– Jadni Leopold!*

*Moris Fure*
Noć u Hotelu Ruža

I

# LUKA, NJEGOVI BOJEVI S HIDROM

Sada kad počinje da stari shvata da nije lako ubiti je. Biti hidra jednostavno je, ali ubiti je nije baš lako jer, mada hidru valja ubiti tako što će joj se odseći mnogobrojne glave (između sedam i devet prema dostupnim autorima i bestijarijumima), neophodno je ostaviti joj barem jednu, zato što je hidra sam Luka, a ono što bi on želeo jeste da iz hidre izađe ali da u Luki ostane, da pređe iz polikefala u unikefala. De, tu da te vidim, kaže Luka zavidljivo Heraklu koji s hidrom nikad nije imao takvih problema i koji je oberučke nasrnuo na nju mačem i ostavio je kao upadljiv vodoskok, odakle je izbijalo sedam ili devet mlazeva krvi. Jedna je stvar ubiti hidru, a druga biti ta ista hidra koja je nekad bila samo Luka i želela bi da to ponovo bude. Na primer, otfikariš joj jednim udarcem glavu koja skuplja ploče, drugim odrubiš onu koja neizostavno spušta lulu s leve strane pisaćeg stola a čašu s olovkama s desne i malo pozadi. Sada je reč o tome da se tačno utvrde ishodi.

Hm, nešto se postiglo, dve glave manje unekoliko dovode u zabunu ostale, koje uzrujano prebiraju misli o žalosnoj sudbini. Iliti: barem na trentutak prestaje da ga opseda ona neodložna potreba da upotpuni seriju madrigala Đezualda, princa od Venoze (Luki nedostaju dve ploče iz te serije, izgleda da su rasprodate i da ih neće ponovo izdavati, a time mu je pokvareno pristustvo ostalih ploča. Nek od jednog udarca sečiva umre glava koja tako misli i želi i crvotoči.) Osim toga zabrinjavajuća je novina što kad potraži lulu ova nije na svom mestu. Iskoristimo tu potrebu za neredom i jednostavno odrubimo glavu koja voli zatvaranje, fotelju za čitanje pored lampe, viski u pola sedam s dve kockice i malo sode, knjige i časopise naslagane prema pravu prvenstva. No veoma je teško ubiti hidru i vratiti se Luki, on to oseća već na polovini okrutnog boja. Za početak je opisuje na listu hartije koji je izvukao iz druge fioke s desne strane pisaćeg stola, iako u stvari papira ima nadohvat ruke i svud unaokolo, ali ne, gospodne moj, obred je takav, a da i ne govorimo o italijanskoj lampi na rasklapanje četiri položaja sto vati smeštenoj kao kran nad delom u nastajanju i izuzetno pažljivo postavljenoj u takvu ravnotežu da snop svetlosti i tako dalje... Bleštavi udarac sečivom po glavi egipatskog pisara u sedećem položaju. Jedna manje, uf. Luka se približava sebi samom, stvar počinje da miriše na dobro.

Nikad neće uspeti da sazna koliko još glava treba da iseče pošto zvoni telefon i to je Klodina koja govori o odlasku pod-hit-no u bioskop gde se daje jedan Vudi Alenov. Očigledno Luka nije sekao glave ontološkim redom kojim je trebalo, pošto je njegova prva reakcija ne, nikako, Klodina s druge strane kipti kao račić: Vudi Alen, Vudi Alen, a Luka će: draga moja, nemoj me primoravati ako nećeš da se naljutim, misliš li ti da ja mogu tek tako da napustim ovu bitku iz koje šiklja plazma i rezus faktor samo zato što je tebi sad do Vudi Vudija, shvati da ima vrednosti i vrednosti. Kad se s druge strane sruči Anapurna u obliku telefonske slušalice, Luka shvata kako bi mu odgovaralo da prvo ubije glavu koja uređuje, podređuje i hijerarhizuje vreme, možda bi se tako sve odjednom opustilo i onda lula Klodina olovke Đezualdo u različitim sekvencijama, i Vudi Alen, razume se. Sad je kasno, nema više Klodine, čak više nema ni reči kojima bi se nastavila priča o boju jer ni boja nema, koju glavu odrubiti kad uvek ostaje neka druga još autoritarnija, vreme je da se odgovori na zaostala pisma, kroz deset minuta viski sa ledićima i sodicom, potpuno je jasno da su mu opet izrasle, da mu ništa nije vredelo što ih je sekao. U ogledalu u kupatilu Luka vidi netaknutu hidru sa usnama blistavih osmejaka, svih zuba iskeženih. Sedam glava, svaka za po jednu deceniju; da stvar bude još gora, tu je i podozrenje da uvek mogu da mu izrastu još dve kako bi se dalo za pravo izvesnim uglednicima u hidričkim pitanjima, samo ako bude zdravlja.

# LUKA, NJEGOVE KUPOVINE

Pošto ga je Tota zamolila da siđe i kupi kutiju šibica, Luka izlazi u pidžami jer vrućinština vlada prestonicom i ispostavlja se u kafeu kod debelog Mucija gde pre nego što će kupiti šibice odlučuje da naruči sebi neki digestiv sa sodom. Stigao je negde do pola plemenitog pića kad njegov prijatelj Huares uđe, takođe u pidžami, i čim ga spazi istrese kako mu sestra ima teško zapaljenje uva i kako apotekar neće da mu proda kapljice za umirenje pošto recepta nema a kapljice su neka vrsta halucinogene droge koja je već poslala na onaj svet četiri hipika iz kraja. Tebe dobro poznaje i prodaće ti, dođi odmah, Rosita se toliko previja da više ne mogu da je gledam.

Luka plaća, zaboravlja da kupi šibice i sa Huaresom odlazi u apoteku gde stari Oliveti kaže da ne dolazi u obzir, da nema ništa od toga, da idu na drugo mesto, a u tom trenutku njegova gospođa izlazi iz sobe iza dućana sa kodakovim aparatom u ruci i vi, gospodine Luko, sigurno znate kako se stavlja film, našoj ćerki je sad rođendan i zamislite baš se potrošila rolna, potrošila se. Moram Toti da odnesem šibice, kaže Luka pre nego što ga Huares nagazi i Luka se prihvata da promeni film u kodaku shvativši da će mu stari Oilveti dati opasne kapljice, Huares se topi od zahvalnosti i izlazi uz povike zadovoljstva dok gospođa grabi Luku i sva zadovoljna ga odvlači na rođendan; nećete otići a da ne probate tortu s puterom što je napravila gospa Lujza, živa bila velika porasla kaže Luka devojčici koja mu odgovara nekakvim icanjem preko petog parčeta torte. Svi pevaju ono

lepi vrzmaj tuju i ponovo zdravica uz oranžadu, ali gospođa ima jedno 'ladno pivce za gos'n Luku koji će još i da nas slika pošto se ovde niko baš mnogo ne razume u to, a Luka: sad će ptičica, ima i blic, drugu ćemo u dvorištu pošto devojčica hoće da slikaju i češljugara, hoće pa to ti je.
— Dobro — kaže Luka — idem ja, pošto, vidite, Tota. Zauvek nedovršena rečenica jer iz apoteke provali urlik uz mnogovrsna uputstva i protivnaredbe, Luka trči da vidi šta je i usput da zbriše, ali naleće na muški sektor porodice Solinski u čijem središtu je stari Solinski koji je pao sa fotelje i donose ga pošto žive odmah pored, a nema smisla uznemiravati lekara ako nije polomio trtičnu kost ili nešto još gore. Žgoljavi Solinski kao kleštima ščepa Luku za pidžamu i kaže mu kako je starac tvrd ali se sa kamenim pločnikom u dvorištu nije šaliti, zbog čega nije isključen ni fatalan prelom pošto je starac pozeleneo i ne uspeva ni dupe da protrlja kao što ima običaj. Ova protivrečna pojedinost ne izmiče starom Olivetiju koji šalje svoju gospođu na telefon i kroz manje od četiri minuta stižu ambulantna kola i dva bolničara s nosilima, Luka pomaže da se podigne starac koji ga, bog zna zašto, obujmi rukama oko vrata potpuno zanemarivši svoje sinove, i kad Luka krene da siđe iz ambulantnih kola bolničari mu ih zalupe pred nosom pošto raspravljaju o utakmici između Boka Juniorsa i Rivera odigranoj u nedelju i što bi se zamajavali s rodbinom, na kraju se Luka nađe na podu zbog supersoničnog startovanja a stari Solinski će sa nosila, jebi ga, burazeru, sad ćeš da vidiš šta znači kad boli.

U bolnici na suprotnom kraju grada Luka mora da objašnjava nesrećni slučaj, ali za to treba vremena kad si u bolničkoj ustanovi a vi ste član porodice, ne, u stvari ja, ali onda šta, čekajte objasniću vam šta se desilo, dobro ali pokažite dokumente, pa u pidžami sam, doktore, vaša pidžama ima dva džepa, jeste ali stvar je u tome što Tota, nemojte mi reći da se ovaj stari zove Tota, hoću da kažem trebalo je da kupim kutiju šibica Toti a uto se pojavljuje Huares i. Dobro, uzdiše lekar, skinite mu gaćice, Morgada, a vi možete ići. Ostajem dok ne dođe porodica i dâ mi pare za taksi, kaže Luka, neću ovakav u autobus. Zavisi, kaže lekar, sad se nosi veoma maštovita odeća, moda je tako promenljiva, rendgenski snimak karlice, Morgada.

Kad se porodica Solinski konačno ispovrti iz jednog taksija Luka im daje znak a žgoljavko mu daje knap novca ali, istina, pet minuta mu zahvaljuje na solidarnosti i prijateljskom postupku, kad odjednom nema taksija ni od korova i Luka kome je svega dosta kreće niz ulicu ali se čovek neobično oseća kad se šetka u pidžami izvan svoje četvrti, nikad mu nije palo na pamet da je to kao da si go golcat, da stvar bude još gora nema nijednog šugavog autobusa dok se najzad ne pojavi 128 i Luka stoji između dve devojke koje ga zaprepašćeno gledaju, posle neka starica sa svog sedišta penje pogled po prugama na pidžami kao da procenjuje stepen pristojnosti takve odeće koja slabo skriva izbočine, onda Santa Fe i Kaning nikako da dođu, s pravom, jer je Luka ušao u autobus koji ide u četvrt Saavedra, pa mora da siđe i čeka u nekoj vrsti staje gde ima dva drvceta i polomljen češalj, Tota mora da je kao ris u veš-mašini, sat i po majko mila i kad će već jednom taj autobus, jebi ga.

Možda nikad neće doći kaže Luka sam za sebe u nekoj vrsti nepovoljnog prosvetljenja, možda je ovo nešto kao udaljavanje od Almotazima misli obrazovani Luka. Skoro da i ne primećuje kako dolazi bezuba starica privlačeći mu se malo-pomalo da ga upita nema li šibicu.

# LUKA, RODOLJUB

U mom pasošu sviđaju mi se stranice sa potvrdama o produženju i okruglim/ trouglastim / zelenim / četvrtastim / crnim / ovalnim / crvenim pečatima; od slika iz Buenos Ajresa trajekt na Rijaćuelu, Irski trg, Agronomska bašta, nekoliko kafana kojih možda više nema, jedan krevet u jednom stanu tako reći na samom uglu ulica Maipu i Kordoba, miris i tišina luke u letnju ponoć, drveće na trgu Lavalje.

Od zemlje mi je ostao miris suše u Mendosi, topole u Uspaljati, tamnoljubičasta boja brda Velasko u Riohi, ćakenjske zvezde u Pampi de Gvanakos na putu od Salte ka Misionesu vozom četrdeset druge godine, konj kojeg sam jahao u Saladilju, ukus ćincana sa gordon-džinom u Bostonu na Floridi, lako alergični miris partera u *Kolumbu*, superautobus u Luna-parku sa Karlosom Belućijem i Mariom Dijasom, nekoliko mlekara u zoru, ružnoća Trga Onse, čitanje časopisa *Sur* tokom slatko naivnih godina, izdanja *Klaridada* za pedeset centavosa, sa Robertom Arltom i Kastelnuevom, kao i nekoliko dvorišta, naravno, i senki koje prećutkujem, i mrtvih.

# LUKA, RODOLJUBAC

Nisu u pitanji godišnjice, nemojte misliti, ni Fanđo ni Monzon niti išta slično. Kad je bio dete, prirodno, Firpo je bio mnogo jači od San Martina, a Husto Huares od Sarmijenta, ali je posle život polako počeo da obara durbin vojničkoj i sportskoj istoriji, došlo je vreme desakralizacije i samokritike, tek tu i tamo ostadoše komadići stega i Feba na pomolu.

Kad god nekog ulovi dođe mu da se smeje, smeje se i kad sam sebe ulovi u kočopernom argentinstvu do poslednjeg daha, jer je njegovo argentinstvo srećom nešto drugo ali u tom drugom ponekad plutaju parčići lovorika (trajale doveka) i onda Luka nasred Kings Rouda ili havanskog pristaništa čuje svoj glas među glasovima prijatelja kako govori stvari kao što su niko ne zna šta je pečenje ako ga nije probao na kreolski načitn, niti ima kolača koji se mogu uporediti sa portenjskim kohom niti koktela ravnog demariji koju služe u *Fregati* (da li još uvek, čitaoče?) ili kod *Sent Džemsa* (još uvek, Suzana?).

Sasvim prirodno, njegovi prijatelji reaguju venecuelanski ili gvatemalski uvređeno, pa slede trenuci ispoljavanja nadrodoljubizma, gastronomskog ili botaničkog ili poljoprivredno-stočarskog ili biciklističkog nećeš ti meni. U takvim slučajevima Luka postupa kao mali pas pa pušta da se veliki džapaju među sobom, dok se on u sebi opravdava ali ne baš toliko na kraju krajeva kaži ti meni odakle su najbolje krokodilske tašne i cipele od zmijske kože.

# LUKA, DVOROLJUB

U središtu slike biće muškatla, ali tu su i glicinije, leto, mate u pola šest, šivaća mašina, papuče i leni razgovori o porodičnim boljkama i nevoljama, čas posla kokoška ostavi potpis između dve stolice ili iskrsne mačka u poteri za golubom koji je veća danguba od nje. Sve miriše na prostrto rublje, na štirak sa vešplavom i na ceđ, oseća se na penziju, na račune iz trgovine ili pržene mekike, skoro uvek na komšijski radio sa tangom i reklamama za heniol ili za ulje *Kuvar* što je vašeg zdravlja čuvar, i na dečake koji pikaju krpenjaču na poljančetu iza kuće, Beto je zakucao gol sjajnim direktom.

Sve je tako uobičajeno, toliko prežvakano da Luka od stida i srama traži kud da se dene, priseća se pa reši da se opomene kako se ono zatvarao u svoju sparnu sobicu da čita Homera i Diksona Kara kako ne bi ponovo slušao tetka Pepinu s njenom operacijom slepog creva i svim žalostivim pojedinostima i živim prikazom mučnine od anestezije, ili povest o hipoteci na kuću u Bulnesovoj ulici u koju se teča Aleksandar uživljavao iz matea u mate sve do apoteoze kolektivnih uhova i ohova i iz dana u dan nam sve gore ide, Hosefina, ovoj zemlji treba čvrsta ruka, majkoviću. Srećom je tu Flora da pokazuje fotografiju Klerka Gebla štampanu u *Prensi* i prešaptava zvezdane trenutke iz *Prohujalo sa vihorom*. Ponekad se baba sećala Frančeske Bertini a teča Aleksandar Varvare del Mar koja beše marka za ove varvare, pa onda ti sa svojim vampiricama, eh, ljudi, Luki postaje jasno da tu nema leka, opet je u dvorištu, razglednica je zauvek prikačena za ivicu ogledala vremena, rukom crtana razglednica sa pantljikom i golubicama, sa tankom crnom ivicom.

# LUKA, NJEGOVE KOMUNIKACIJE

Pošto ne samo da piše, nego i voli da pređe na drugu stranu i da čita ono što drugi pišu, Luku ponekad iznenadi koliko mu je teško da shvati neke stvari. Nisu to nekakva pitanja koja zadaju posebne poteškoće (užasan izraz, misli Luka koji pokušava svaku reč da odmeri na dlanu pa da se sa njom zbliži ili je odbaci već prema boji, mirisu ili dodiru), ali iznenada kao da iznikne neko musavo staklo između njega i onoga što čita, pa otud nestrpljenje, pročitavanje nasilu, pokušaji da se provale vrata i na kraju veličanstveni let časopisa ili knjige do najbližeg zida praćen padom i nekim vodnjikavim plof.

Kada se čitanje završi ovako, Luka se pita šta li se kog vraga moglo desiti na na izgled sasvim jasno uočljivom putu od saopštitelja do primaoca saopštenja. Veoma mu je teško da to utvrdi, pošto se u njegovom slučaju to pitanje nikada ne postavlja i ma kako čudno njegovo pisanje izgledalo, ma koliko neke stvari mogle da dođu i prođu i dogode se tek na kraju složenih protoka misli, Luka nikada ne propusti da proveri je li prijem uspeo i obavlja li se prenos bez većih prepreka. Slabo on brine za lični opis čitaoca, jer veruje u tajanstvenu meru sa više obličja koja u većini slučajeva pristaje kao dobro skrojeno odelo, i zato ne treba prepustiti teren ni u dolasku ni u odlasku: između njega i drugih stvoriće se most kad god se napis rodi iz semena a ne iz kalema. U najvećem bunilu njegovih maštarenja ima u isto vreme nečega toliko jednostavnog, pticolikog, ili prostog kao tablić u stoparac. Nije reč o tome da se piše za druge nego za sebe lično, ali taj neko lično mora da bude i oni drugi; to je tako *elementary my dear Watson*, da se u čoveku rodi nepoverenje, pita se nema li nekakve nesvesne demagogije u tolikom razumevanju i prepotvrđivanju između pošiljaoca, poruke i primaoca. Luka posmatra reč primalac na svom dlanu, neosetno je pomiluje po krznu i vraća je u njene maglovite sfere; ne daje on ni pet para za primaoca pošto ga ima nadohvat ruke, ovaj piše ono što on čita i čita ono što on piše, šta tu ima da se zamajavamo.

# LUKA, NJEGOVE INTRAPOLACIJE

U jednom jugoslovenskom dokumentarnom filmu vidi se kako nagon ženke hobotnice stupa na scenu da bi ova na bilo koji način zaštitila svoja jaja te se između ostalog brani skrivanjem ispod algi koje nagomilava da je ne bi napale murine tokom dva meseca koliko traje inkubacija.

Kao i svi, Luka antropomorfički posmatra te slike: hobotnica *odlučuje* da se zaštiti, *traži* alge, *reda* ih preko svog skloništa, *skriva* se. Ali sve to (što je pri prvom pokušaju da se objasni takođe antropomorfički bilo nazvano nagonom u nedostatku boljeg izraza) dešava se izvan bilo kakve svesti, van svakog poimanja ma kako ono rudimentarno bilo. Ako se sa svoje strane Luka takođe trudi da i sam naoko prisustvuje spolja, šta mu ostaje? Jedan *mehanizam* isto toliko stran njegovim mogućnostima uživljavanja, kao što je to pokretanje sisaljki na pipcima ili slivanje tečnosti niz iskošenu površ.

Krajnje potišten, Luka sam sebi kaže da je u tom slučaju jedino što vredi uraditi neka vrsta intrapolacije: čak i ovo što sada misli mehanizam je za koji njegova svest smatra da ga može shvatiti i kontrolisati, čak i to je antropomorfizam naivno primenjen na čoveka.

„Nismo mi ništa", misli Luka za sebe i za hobottnicu.

# LUKA, KRITIČAR STVARNOSTI

Džekil veoma dobro zna ko je Hajd, ali to poznanstvo nije uzajamno. Luki se čini da skoro ceo svet živi u neznanju zajedno sa Hajdom, što ljudskom gradu pomaže da sačuva svoj red i poredak. On se obično odlučuje za jednoznačnu verziju, za Luku bez primesa, ali samo iz pragmatičnih higijenskih razloga. Ova biljka je ova biljka, Dorita = Dorita, i tako to. Samo da se ne prevari pa da ova biljka ispadne bog te pita šta u drugom kontekstu, a o Doriti i da ne govorimo jer.

U erotsikim igrama Luka je rano našao prve refraktore, obliteratore i polarizatore navodnog principa identiteta. Tu odjednom A nije A, ili je A ne-A. Oblasti krajnjeg zadovoljstva u devet i četrdeset u pola jedanaest će naginjati ka neprijatnosti, ukusi koji izazivaju delirijum teraće na povraćanje ako budu ponuđeni na stolnjaku. To (više) nije to, pošto ja (više) nisam ja (onaj drugi ja).

Ko se tu menja, u krevetu ili u vaseljeni – miris ili onaj koji ga oseća? Subjektivno-objektivni odnos Luku ne zanima; i u jednom i u drugom slučaju, utvrđeni termini izmiču svojoj definiciji, Dorita A nije Dorita A, ili Luka B nije Luka B. A polazeći od trenutne relacije A = B ili B = A, pucanje kore stvarnosti postaje lančano. Može biti, kada bradavice A sa uživanjem klize preko sluzokože B, onda *sve* klizi u nešto drugo i igra drugu igru a rečnici se okamenjuju. Toliko koliko traje jedan jauk, naravno, ali Hajd i Džekil se gledaju licem u lice, u odnosu A = > B/B = > A. Nije bila loša ona džez pesma iz četrdesetih godiina, *Doctor Hekyll and Mister Jyde*...

# LUKA, DEKONCERTISAN

Tamo neke bog te pita koje godine Luka je večito visio na koncertima pa drž slušaj Šopena, Zoltana Kodaljija, Pućiverdija o Bramsu i Betovenu šta da ti pričam pa i Otorina Vespigija kad je sezona mršava. Sad više uopšte ne ide nego se snalazi kako zna i ume uz ploče i radio ili po sećanju zviždućé Menjuhina i Fridriha Guldu i Marijana Andersona, malkice praistorijske stvari u ova naša užurbana vremena, no zapravo mu je na koncertima išlo sve gore i gore dok nije sklopljen viteški sporazum između Luke koji je prestao da odlazi na njih, i razvodnika i jednog dela publike koji su prestali da ga izbacuju uz udarce nogama. Čemu je imao da zahvali na tako žestokom neprijateljstvu? Da ga pitaš, Luka bi se setio nekih stvari, na primer noći u *Kolumbu* kada se neki pijanista na bis ustremio na potpuno nezaštićene dirke rukama naoružanim Hačaturijanom, a publika tu priliku iskoristila da sebi dozvoli da zapadne u krizu histerije, veličanstvene tačno onoliko koliko i grmljavina koju je proizvodio umetnik u finalnim paroksizmima kad eto ti Luke na podu, traži nešto između sedišta pipkajući na sve strane.
— Izgubili ste nešto, gospodine? — zanima se gospođa između čijih članaka gamižu Lukini prsti.
— Muziku, gospođo — reče Luka jedva časak pre nego što će mu senator Polijati prilepiti prvi šut u dupe.
A bilo je tako i jedno veče *Lieda* na kojem je neka dama delikatno iskoristila pijanisimo Lote Leman kako bi emitovala kašalj dostojan sirene na tibetanskom hramu zbog čega se u jednom trenutku začuo Lukin glas: »Ka-

da bi krave kašljale, kašljale bi kao ova gospođa«, a ta dijagnoza izazvala je patriotsku intervenciju doktora Ćuća Belaustegija iskazanu odvlačenjem Luke čije se lice vuklo po podu sve do konačnog oslobođanja na ivici pločnika ulice Libertad.

Teško je uživati u koncertima kad se dešavaju takve stvari, čovek se bolje oseća *at home*.

# LUKA, NJEGOVI ČASOVI ŠPANSKOG

U Berlicu, gde ga primaju napola iz sažaljenja, upravnik, koji je iz Astorge, upozorava ga, nema ništa od lokalizama, nikakvih galicizama, ovde se predaje čist čistijati jezik, majka mu stara, prvi put kad ga uhvati da kaže bre, može da kupi prnje. Svakako, učite ih da govore običnim jezikom, nema visokoparnih reči, ovde Francuzi dolaze da nauče kako da ne budu mamlazi na granici i po svratištima. Čisto i praktično, utuvite to, recimo, u ćupu.

Luka zbunjeno odmah traži tekstove koji će odgovoriti na tako visoke zahteve, i na samom početku svojih časova pred desetak Parižana željnih da čuju *ole* i nauče *želeo bih tortilju od šest jaja*, podeli im listiće na kojima je umnožio odlomak iz članka u *El Paisu* od 17. septembra 1978, vidite kako je moderan, koji, po njegovom sudu, mora biti kvintesencija čistog i praktičnog jer je reč o koridi, a Francuzi samo misle kako da se sjure u arene čim budu imali diplomu u džepu, i iz tog razloga će im ovaj tekst biti izvanredno koristan u prvoj trećini, i kad polete banderilje, i sve ostalo. Tekst kaže sledeće, naime:

*Belonja, izvanredan, ukrštene rase, ali srčan, dobro odgojen, oštrih rogova, rasan, plemenit, i dalje je pratio let mača kojim je majstor iz Salamanke rukovao s lakoćom i bez greške. Opuštenog tela, pleo je udarac za udarcem, od kojih je svakim savršeno vladao, tako da je bik u polukrugu morao pratiti toreadora, uz završni udarac, čist i nepogrešiv, kako bi ostavio životinju na odgovaraju-*

*ćem odstojanju. Bilo je tu neponovljivih prirodnih zahvata, veličanstvenih prilaza spreda, zahvata odozdo i zahvata odozgo, obema rukama, savršenih pasova, ali nam iz zenice nikada neće iščiliti jedan prirodan zahvat sa prelazom u zahvat spreda, čija slika, sa izlazom kroz suprotnu plećku, jeste možda jedan od najsavršenijih udaraca koje je ikada izveo El Viti.*

Kao što je i prirodno, učenici se odmah dohvatiše rečnika kako bi preveli odlomak, a za tim poslom tri minuta kasnije usledi još veća zbunjenost, razmenjivanje rečnika, trljanje očiju i pitanja upućena Luki, koji ne odgovara ništa jer je rešio da primeni metod samoučenja, a u tim slučajevima, dok se rade zadaci, nastavnik mora da gleda kroz prozor. Kad se pojavi upravnik da prekontroliše Lukin učinak, nikoga više nema, otišli su pošto su prethodno na francuskom stavili do znanja šta misle o španskom, a naročito o rečnicima koji su im poprilično franaka isterali iz džepa. Ostao je samo jedan mladić učenog izgleda, koji Luku pita da li bi pominjanje majstora iz Salamanke moglo biti aluzija na fra Luisa iz Leona, na šta Luka odgovara da bi to lako moglo da bude, mada je najizvesnije da će ga đavo znati. Upravnik sačeka da učenik ode, pa kaže Luki, ne treba počinjati od klasične poezije, razume se da fra Luis, i sve to, ali može li on da nađe nešto jednostavnije, majkoviću, recimo nešto tipično kao što je odlazak turista u neku krčmu ili na koridu, pa da vidite kako će da se zainteresuju i da nauče dok lupiš dlanom o dlan.

# LUKA, NJEGOVA EKOLOŠKA RAZMIŠLJANJA

U ovo vreme razbarušenog turističkog povratka prirodi kada građani vide život na selu onako kako je Ruso video dobrog divljaka, više nego ikada solidaran sam sa a) Maksom Žakobom, koji je odgovarajući na poziv da provede kraj nedelje na selu, zapanjeno i prestravljeno rekao: „Selo, ono mesto gde se kokoške šetaju presne?«; b) sa doktorom Džonsonom, koji je na izletu u Grinvičkom parku žustro izrazio veće zanimanje za Flit Strit; c) sa Bodlerom, koji je pod ljubav prema veštačkom podveo i sam pojam raja.

Pejzaž, šetnja kroz šumu, gnjuranje u vodopadu, planinska staza, sve nas to može estetski ispuniti jedino ako nam je obezbeđen povratak kući ili u hotel, blagosloveni tuš, večera i vino, ćaskanje posle obeda, knjiga ili novine, svesažimajuća i svezačinjuća erotika. Sumnjičav sam prema obožavaocima prirode koji svaki čas izlaze iz automobila da posmatraju vidik i naprave pet-šest skokova po stenju; što se tiče onih drugih, onih doživotnih mladih gorana koji obožavaju da lunjaju sa ogromnim ruksacima i bradama do kolena, njihove su reakcije najčešće jednosložne ili uzvične; kao da je sve u tome što će čovek ovde—onde zastati zblanut pred nekim brdom ili zalaskom sunca, stvarima kojih ima gde god se okreneš.

Civilizovani ljudi lažu kad padnu u bukolički delirijum; ako im zafali *scotch on the rocks* u pola osam uveče, prokleće čas kada su napustili kuću da bi došli da trpe obade, sunčanicu i svakojako trnje; što se tiče onih bližih prirodi, podjednako su glupi kao i ona. Neka knjiga, komedija, sonata, ne traže povratak i tuširanje; a upravo tu dosežemo uzvišenost, tu smo najviše što možemo biti. Intelektualac ili umetnik koji se sklanja u prirodu traži mir, svežu salatu i čist vazduh; u prirodi koja ga okružuje sa svih strama, on čita ili slika ili piše pod savršenim svetlom kao u sobi sa dobrim položajem; ako izađe u šetnju ili promoli nos da vidi životinje i oblake, to je zato što se umorio od rada ili od lenčarenja. Čoveče, nemoj verovati zadubljenom posmatranju lale kada je posmatrač intelektualac. To što vidiš jeste lala + rasejanost, ili lala + razmišljanje (gotovo nikada o lali). Nikada u prirodi nećete naći prizor koji će duže od pet minuta izdržati pažljivo posmatranje, ali ćete zato osetiti kako vreme leti dok čitate Teokrita ili Kitsa, posebno na onim mestima gde ima opisa prirode. Da, Maks Žakob je bio u pravu: kokoške – samo pečene.

# LUKA, NJEGOVI SOLILOKVIJUMI

Slušaj ti, dosta je što su me tvoja braća i sestre udavili dosadom, ali sad kad sam te dočekao s toliko želje da izađemo u šetnju, dolaziš pokisla do kože i sa licem negde između boje olova i oblika prevrnutog kišobrana koje na tebi tako dobro poznajam. Pa ne možemo se tako objasniti, vidiš li. Kakva će to šetnja biti ako samo treba da te pogledam pa da mi bude jasno kako će mi s tobom pokisnuti duša, voda će mi se slivati niz vrat a kafane zaudarati na vlagu, i skoro sigurno ću naći mušicu u vinu?

Reklo bi se da dogovor s tobom ništa ne vredi, a sve sam pripremio tako pažljivo, prvo sam saterao u ćošak tvoju braću i sestre, koji kao i obično čine što god mogu da mi se smuči, da me prođe volja da dođeš i uneseš malo svežeg vazduha, trenutak na sunčanom uglu ulice i u parku sa decom i čigrama. Zanemarivao sam ih jedno po jedno, bez razlike, da mi ne bi skakali po živcima kako već oni umeju, kad se služe telefonom, hitnim pismima, ta samo oni znaju da tek tako banu u osam ujutro i puste korenje. Nikad prema njima nisam bio nepristojan, čak sam se trudio da se ljubazno ophodim, jednostavno se pravio da ne primećujem njihov pritisak, neprestano ucenjivanje na svakom koraku, kao da ti zavide, hteli su da te unapred omalovaže ne bih li izgubio želju da sačekam tvoj dolazak, da izađem s tobom. Znam već, porodica, ali sad umesto da si na mojoj strani a protiv njih, ti se povinuješ ne ostavljajući mi vremena ni za šta, čak ni da se pomirim sa sudbinom i priviknem se, pojaviš se ovako, voda sa tebe curi, siva voda nevremena i hladnoće, obeshrabrujuće poricanje nečega što sam ja toliko čekao dok sam se postepeno oslobađao tvoje braće i sestara i pokušavao da sačuvam snagu i vedrinu, da imam džepove pune para, da smišljam kuda ćemo ići, prženi krompirići u onom restoranu pod drvećem gde je tako lepo ručati pored ptica i devojaka i starog Klementa što preporučuje sir provolone i ponekad svira harmoniku i peva.

Izvini ali moram da ti sručim u lice kako si grozna, sad moram biti načisto s tim da je to porodično, nisi ti drugačija premda sam se nadao da si izuzetak, trenutak kada sve ono što tišti prestaje i ustupa mesto lagodnosti, penušavo ćeretanje a onda se zamakne za ugao; vidiš, ispalo je još gore, pojavljuješ se kao naličje moje nade, cinično mi zalupiš prozor i ostaješ tamo, čekaš da navučem kaljače, uzmem kaput i kišobran. Urotila si se sa ostalima, toliko sam te puta znao drugačiju i zbog toga te voleo, već tri ili četiri puta radiš istu stvar, šta mi vredi što ćeš s vremena na vreme udovoljiti mojoj želji ako na kraju ispadne ovako, treba da te gledam s razdeljcima u očima, niz prste ti curi siva voda, gledaš me bez reči. Skoro da su bolja tvoja braća i sestre, kad se sa njima rvem bar mi prolazi vreme, sve ide bolje kad čovek brani slobodu i nadu; ali ti, ti mi ne pružaš ništa osim praznine ostajanja kod kuće, saznanja da se prijateljstvo u svemu tome podrazumeva, da će noć stići kao zakasneli voz na peron šiban vetrom, stići će tek posle mnogo matea, mnogo vesti, sa tvojim bratom ponedeljkom koji čeka pred vratima čas kada će me budilnik ponovo suočiti s njim koji je najgori, prilepljen uz tebe, ali ti si opet tako daleko od njega, iza utorka i srede i tako dalje.

# LUKA, NJEGOVA NOVA VEŠTINA IZLAGANJA

– Gospođe, gospođice, itd. Čast mi je, itd. Na ovom skupu koji uveličavaju, itd. Neka mi sada bude dopušteno, itd. Ne mogu se pozabaviti ovim pitanjem dok, itd. Hteo bih, pre svega, da najtačnije moguće utvrdim smisao i domet teme. Ima nečega veoma odvažnog u svakom pominjanju budućnosti kada nam i sam pojam sadašnjosti izgleda nedokučiv i nepostojan, kada je kontinuitet prostor – vreme – u kome smo mi samo trenutne pojave koje se pretvaraju u ništavilo u trenutku kada se zamisle – više radna pretpostavka nego izvesnost koja se može braniti dokazima. Ali neću da zapadnem u regresionalizam od koga postaju sumnjive i najosnovnije misaone operacije; potrudimo se da prihvatimo stvarnost jedne sadašnjosti pa čak i istorije koja nas okuplja u kolektiv sa dovoljnim garantijama da bismo mogli projektovati njene stabilne elemente a pre svega njene dinamičke faktore u pogledu viđenja budućnosti Hondurasa u sklopu latinoameričkih demokratija. Na ogromnoj pozornici kontinenta (*pokret rukom obuhvata čitavu dvoranu*) jedna mala zemlja kao što je Honduras (*pokret rukom obuhvata površinu stola*) predstavlja samo jednu od raznobojnih kockica koje čine veliki mozaik. Taj fragment (*pažljivije opipavanje i posmatranje stola kao kada se stvar vidi po prvi put*) veoma je određen i neuhvatljiv istovremeno, kao i svaki izraz materije. Šta to dodirujem? Drvo, naravno, a u celini jedan voluminozan predmet koji se nalazi između vas i mene, nešto što nas na izvestan način razdvaja svojom prokletom suvom daskom od mahagonija. Sto? Ali šta je sto? Jasno se oseća da se ovde, između ove četiri noge, nalazi neprijateljsko područje, podmuklije nego čvrsti delovi; paralelogram od vazduha, kao akvarijum sa providnim meduzama koje pripremaju zaveru protiv nas, dok je ovde gore (*prelazi rukom kao da se uveri*) sve i dalje ravno i sklisko i savršeno kao japanski špijun. Kako ćemo se razumeti, razdvojeni tolikim preprekama? Ako ova poluzaspala gospođa koja izuzetno liči na preispoljnu budalu bude htela da se zavuče ispod stola i objasni nam ishod njenih istraživanja, možda bismo mogli da poništimo prepreku koja me primorava da vam se obratim kao da se udaljavam od pristaništa u Sautemptonu na brodu *Kvin Meri* — večito sam se nadao da ću putovati tim brodom — i maramicom natopljenom suzama i Jardlijevom lavandom uzmahujem poslednju još moguću poruku ka mračno nagomilanom parteru na molu. Grozni ponor zjapi između sviju, zašto li je uprava umetnula ovde ovaj sto nalik na nekakvog prostačkog kita? Nema smisla, gospodine, što se trudite da ga sklonite, jer nerešeni problem se vraća putem nesvesnog kao što je to lepo pokazala Mari Bonapart u svojoj analizi slučaja madam Lefevr, ubice sopstvene snahe i to u automobilu. Zahvaljujem vam na dobroj volji i mišićima sklonim delanju, ali mi se čini neophodno da uđemo u prirodu ovog neopisivog dromedara, a ne vidim drugog rešenja osim da stanemo prsa u prsa, vi sa svoje strane a ja sa svoje, sa ovom drvenom cenzurom koja polako izvija svoj odvratni kenotaf. Napolje, opskurantistički predmetu! Neće da ode, očigledno. Sekiru, sekiru! Uopšte se ne plaši, ima uznemireni izraz nepomičnosti kao pri najgorim mahinacijama negativizma koji se podmuklo uvlači u tvornice mašte kako bi joj onemogućio da uzleti bez balasta smrtnosti put oblaka koji bi bili njena istinska otadžbina, da težina, ovaj svakakav i posvudašnji sto, ne pritiska toliko sve vaše kapute, kopču na mojem opasaču pa čak i očne kapke ove lepotice koja me iz petog reda ćutke preklinje da je ne časeći časka odvedem u Honduras. Primećujem znake nestrpljenja, razvodnici su besni, pašće neka ostavka u upravi, već predviđam smanjenje budžeta za kulturne manifestacije; stupamo u entropiju, reč je kao golubica koja pada u tanijir pun tapioke, niko više ne zna šta se dešava a ovaj kurvić od stola baš to i hoće, da ostane sam u praznoj dvorani dok mi svi plačemo ili se mlatimo pesnicama silazeći niza stepenište. Likovaćeš, odvratni bazilisku? Neka se niko ne pretvara da ne primećuje ovo prisustvo koje svaki razgovor, svaku semantiku boji negativnošću. Gledajte kako se ukipio između nas, s obe strane ovih jezivih zidina u atmosferi kakva vlada u azilu za umobolne kada se napredan upravnik nameri da ih upozna sa Štokhauzenovom muzikom. Aaa, mislili smo da smo slobodni, u nekom je ćošku predsednica ateneuma držala pripremljen buket ruža koji bi mi predala sekretarova najmlađa kći dok biste vi bučnim aplauzom ponovo razmrdavali utrnule zadnjice. Ali se ništa od toga neće desiti krivicom ovog odvratnog konkretiteta na koji nismo obraćali pažnju, koji smo videli pri ulasku kao nešto toliko očigledno dok ga slučajni dodir moje ruke nije iznenada otkrio u njegovom pritajeno agresivnom neprijateljstvu. Kako smo mogli zamišljati nepostojeću slobodu, sesti ovde kad ništa nije pojmljivo, ništa nije moguće ako se prethodno ne oslobodimo ovog stola? Lepljivi molekul divovske zagonetke, prijemčivi svedok najgoreg slugeranjstva! Sam pojam Hondurasa zvuči kao kad pukne fudbal dok je dečija igra na vrhuncu. Ko još može zamišljati Honduras, ima li ta reč ikakvog smisla dok se nalazimo sa različitih strana ove reke od crne vatre? A ja hteo da držim predavanje! I vi došli da ga slušate! Ne, to je previše, imajmo barem hrabrosti da se trgnemo ili makar priznajmo da se želimo trgnuti i da nas jedino može spasti tako reći nepodnošljivo junaštvo prevlačenja rukom po ovoj ravnodušnoj geometrijskoj prostoti, dok svi zajedno izgovaramo: širok je metar i dvadeset a dug dva i četrdeset otprilike, od masivne hrastovitne, ili od mahagonija, ili od lakirane čamovine. No hoćemo li jednom prestati, hoćemo li saznati šta je to? Ne verujem, biće uzalud.

Ovde, na primer, nešto što liči na čvor u drvetu... Mislite li vi, gospođo, da je to čvor u drvetu? A ovde, ono što smo zvali noga, šta znači to stremljenje pod pravim uglom, to fosilizovano bljuvanje na pod? A pod, ta bezbednost naših koraka, šta skriva pod uglancanim parketom?

(Uglavnom se predavanje završava – završavaju ga – mnogo ranije, i sto ostaje sam u praznoj dvorani. Niko, naravno, neće videti kako podiže jednu nogu, što stolovi uvek čine kad ostanu sami.)

# LUKA, NJEGOVE BOLNICE (I)

Pošto je klinika na koju je Luka primljen klinika sa pet zvezdica, bolesnici-su-uvek-u-pravu, i reći im ne kada traže besmislene stvari ozbiljan je problem za bolničarke (sve jedna dražesnija od druge), pa one skoro uvek kažu da, iz prethodno navedenih razloga.

Naravno da se ne može udovoljiti želji debeljka iz sobe 12, koji sa najžešćom cirozom jetre svaka tri sata traži po bocu džina, ali sa kolikim zadovoljstvom, naprotiv, sa kolikim uživanjem devojke kažu da, kako da ne, svakako, kad Luka koji je izašao u hodnik dok mu vetre sobu pa pronašao buket margareta u čekaonici, skoro stidljivo zamoli da mu dopuste da odnese jednu margaretu u svoju sobu da razgali okolinu.

Pošto je spustio cvet na noćni stočić, Luka pozvoni i zamoli za čašu vode kako bi margaretu čuvao na odgovarajući način. Samo što su mu doneli čašu i stavili cvet, Luka primećuje kako je noćni stočić pretrpan bočicama, časopisima, cigaretama i razglednicama, tako da bi možda mogli staviti i jedan stočić udno kreveta, a taj bi mu položaj omogućio da uživa u prisustvu margarete a da ne mora da krivi vrat ne bi li je uočio među različitim predmetima koji se množe na noćnom stočiću.

Bolničarka mu odmah donosi šta je tražio i smešta čašu sa margaretom pod najpovoljnijim vidnim uglom, na čemu joj Luka zahvaljuje primetivši usput da pošto mu dolazi nnnogo prijatelja u posetu a stolica ima malo, ništa bolje nego iskoristiti prisustvo stočića pa pridodati dve ili tri udobne naslonjače i stvoriti prijatniju sredinu za vođenje razgovora.

Čim se bolničarke pojave sa foteljama, Luka im kaže kako se oseća veoma obavezan prema svojim prijateljima koji su mu se toliko našli u teškom trenutku, zbog čega će sto izvrsno poslužiti, pošto se na njega stavi stolnjak, da na njemu stoje dve-tri flaše viskija i pola tuceta čaša, ako je moguće onih od rezbarenog stakla, a dozu sa ledom i flaše sa sodom ne treba posebno ni pominjati.

Devojke se razlete u potrazi za tim dodacima i umetnički ih raspoređuju po stolu, i tom prilikom Luka dozvoli sebi da ukaže na to da prisustvo čaša i flaša znatno obezvređuje estetsku vrednost margarete, koja se skoro izgubila u toj gomili, premda je rešenje vrlo jednostavno, ono što stvarno nedostaje u ovoj sobi jeste ormar za odela i cipele, grozno nabacane u hodniku, te je dovoljno staviti čašu sa margaretom na vrh ormara pa će cvet dominirati prostorom i dati mu onu pomalo tajanstvenu čar koja je ključ svakog dobrog oporavka.

Prenerаžane razvojem događaja, ali odane pravilima klinike, devojke s teškom mukom dovlače prostran ormar na koji se najzad smešta margareta kao neko oko, malo zbunjeno oko puno blagonaklonosti. Bolničarke se veru na ormar da doliju malo sveže vode u čašu, a Luka onda sklapa oči i kaže kako je sada sve savršeno pa će pokušati malo da odspava. Čim zatvore vrata on ustaje, vadi margaretu iz čaše i baca je kroz prozor, ne gaji on baš posebnu ljubav prema cveću.

# II

...hartije na koje su bila ucrtana iskrcavanja u zemlje van vremena i prostora, kao defile kineskog vojnog orkestra od večnosti do ništavila

Hose Lesama Lima, *Raj*

## SUDBINA OBJAŠNJENJA

Negde mora postojati đubrište na kojem su nagomilana objašnjenja. Jedna stvar unosi nemir u taj sasvim ispravni prizor: šta bi se moglo dogoditi onoga dana kada bi neko uspeo i đubrište da objasni.

# ĆUTLJIVI SUVOZAČ

Čudnovat zaplet jedne povesti i jedne pretpostavke od pre mnogo godina i veoma daleko odavde (nešto što se sada može smatrati neoborivom činjenicom ali se ona nije jasno ocrtavala sve do slučajnog razgovora u Parizu) dvadeset godina *ranije*, na nekom pustom drumu u pokrajini Kordobi u Argentini.

Povest je ispričao Aldo Frančeskini, ja sam načinio pretpostavku, a obe stvari desile su se u jednom slikarskom ateljeu u Ulici Pola Valerija uz nekoliko gutljaja vina, duvan i onu naklonjenost razgovorima iz našeg kraja lišenu zaslužnih folklornih uzdaha svojstvenih mnogim drugim Argenitincima kojih u Parizu ima a da čovek baš i nije načisto zbog čega. Čini mi su da je sve počelo sa braćom Galves i topolama u Uspaljati; u svakom slučaju, ja sam pomenuo Mendosu, te je Aldo, koji je odatle rodom, narastao od sreće pa uspomene počeše da naviru i već eto njega u automobilu na putu iz Mendose u Buenos Ajres, prolazio je kroz Kordobu po mrkloj noći i odjednom ostao bez benzina ili bez vode u hladnjaku nasred druma. Njegova priča može stati u ove reči:

— Noć je bila veoma tamna a mesto potpuno pusto, i šta sam drugo mogao nego da sačekam prolazak nekog auta koji bi nas izvukao iz nevolje. Tih godina retko ko nije nosio kanister sa rezervnim benzinom i vodom na tako dugačkim deonicama; u najgorem slučaju bi prolaznik mogao prevesti moju ženu i mene do hotela u prvom mestu koje hotel bude imalo. Ostali smo u mraku, auto smo primakli sasvim uz ivicu, pušili i čekali. Negde oko jedan videli smo kako se približavaju neka kola spuštajući se u pravcu Buenos Ajresa, pa ja stadoh nasred puta i počeh da dajem znake lampom. U tom trenutku mi nije bilo jasno, niti sam razmišljao o tome, ali pre nego što je auto stao osetio sam da vozač ne želi da se zaustavlja, da je automobil koji se približava vođen željom da produži, samo da ode što dalje pa makar videli da ležim nasred druma razbijene glave. Morao sam da se maknem u stranu u poslednjem trenutku jer ga je nevoljno kočenje odvelo četrdeset metara napred; potrčah da ga stignem, i priđoh prozoru sa vozačeve strane. Ugasio sam lampu jer je odsjaj table sa putokazima bio dovoljan da ocrta lice čoveka za upravljačem. Brzo mu objasnih šta se desilo i zamolih ga za pomoć, a dok sam to činio stomak mi se grčio, jer sam od trenutka kada sam prišao tom autu osećao istinski strah, bezrazložan uostalom, jer bi pre vozač trebalo da se uznemiri po onakvom mraku i na onakvom mestu. Dok sam mu objašnjavao gledao sam u unutrašnjost automobila, pozadi nije bilo nikoga ali je na prednjem sedištu sedelo nešto. Kažem nešto u nedostatku bolje reči i zato što je sve počelo i završilo se tako brzo da je jedino zbilja određeno bio strah kakav u životu nisam osetio. Kunem ti se, kada je vozač žestoko nagazio gas odgovarajući: »Nemamo benzina«, krenuvši istoga trena, osetih maltene olakšanje. Vratih se svojim kolima; ženi nisam umeo da objasnim šta se desilo, ipak, nekako joj rastumačih i ona je tu besmislicu razumela, kao da se i nje dotakla pretnja iz onog automobila iako je bila tako daleko i nije videla ono što i ja.

Sada ćeš me upitati šta sam video, ali ni to ne znam. Pored vozača je sedelo nešto, rekoh ti već, neki crni oblik koji se uopšte nije micao niti okretao glavu ka meni. Na kraju krajeva ništa me nije sprečavalo da upalim lampu i osvetlim oba putnika, ali reci ti meni zašto moja ruka nije bila kadra da to učini, zašto je sve trajalo svega nekoliko trenutaka, zašto sam tako reći Bogu zahvalio kad je auto krenuo i izgubio se u daljini, a posebno zašto koj moj nisam uopšte žalio što provodim celu noć na ledini sve dok nam u zoru neki kamiondžija nije pomogao i čak nas ponudio lozovačom.

Nikada neću razumeti zašto je sve prethodilo onome što sam uspeo da vidim, a što uostalom skoro da nije bilo ništa. Kao da sam se već bio uplašio kada sam osetio da oni u automobilu ne žele da zaustave i da su to učinili nasilu, da me ne bi pregazili; ali to nije objašnjenje, jer na kraju krajeva niko ne voli da ga usred noći zadržavaju u toj pustari. Najzad sam se uverio da je sve počelo dok sam razgovarao sa vozačem, a ipak je moguće da je nešto doprlo do mene dok sam autu prilazio, neka atmosfera, ako to hoćeš tako da nazoveš. Ne mogu drugačije da razumem onaj osećaj da mi se krv ledi u žilama dok sam izmenjivao par reči sa čovekom za upravljačem, i da je stvarni razlog to što sam nazreo onog *drugog*, u kome se odmah sažeo sav moj strah. Ali da se sve to razume... Da li je to bilo čudovište, neki jezoviti ludak koga su vozili po mrkloj noći da ga niko ne bi video? Bolesnik sa izobličenim licem, punim prišteva, bezumnik koji je širio oko sebe neku zloćudnu silu, nepodnošljivu auru? Ne znam, ne znam. Ali nikad u životu se nisam tako prepao, brate.

Kako sam ja sa sobom poneo gomilu od trideset i osam godina uspomena iz Argentine, Aldova je priča negde u meni napravila jedno klik pa se IBM na trenutak uzmuvao da bi najzad izbacio fišu sa pretpostavkom, možda i objašnjenjem. Setio sam se čak da sam i ja osetio nešto slično kad sam prvi put čuo za to u nekoj buenosajreskoj kafani, čisto duševnu reakciju kao kad si u bioskopu i gledaš *Vampira*; toliko godina kasnije taj je strah našao zajednički jezik sa Aldovim, i kao uvek to razumevanje je dalo snagu pretpostavci.

– Ono što je te noći putovalo pored vozača bio je mrtvac – rekoh mu. – Čudi me da nikada nisi čuo za preduzeće za prevoz leševa iz tridesetih i četrdesetih godina, posebno su prevozili tuberkulozne koji su umirali u sanatorijumu u Kordobi a porodica je želela da ih sahrani u Buenos Ajrasu. U pitanju su bili nekakvi federalni zakoni ili tako nešto zbog čega je prenos leša bio stravično skup; tako se rodila zamisao da se mrtvac malo našminka, stavi na sedište pored vozača i po najcrnjoj noći preveze od Kordobe do Buenos Ajresa da bi u prestonicu stigao pre zore. Kada su mi o tome pričali osetio sam skoro isto što i ti; potom sam pokušao da zamislim nedostatak mašte kod tipova koji su tako zarađivali za život, i nikako nisam uspeo. Možeš li sebe zamisliti u autu sa mrtvacem naslonjenim uz rame, kako voziš sto dvadeset na sat kroz samoću pampe? Pet-šest sati tokom kojih se svašta može desiti, pošto leš nije tako ukočen stvor kao što se misli, a živ čovek ne može bii takav debelokožac kako takođe pokušavaju da misle. Veoma prijatan prilog uz još jedno vince: barem dvojica koji su se time bavili kasnije su postali veliki automobilski trkači. A čudno je, sad kad o tome razmišljam, što je ovaj razgovor počeo braćom Galves, ne verujem da su radili taj posao, ali su se trkali s onima koji su ga radili. Takođe je tačno da na tim ludačkim trkama čovek uvek ima mrtvaca priljubljenog uza sebe.

# VERUJTE, MOGLO BI NAM SE DESITI

*Verba volant* im se čini manje-više prihvatljivo, ali ne mogu da podnesu *scripta manent*, a prošlo je na hiljade godina, ako ćemo već da računamo. Zato je onaj glavešina sa oduševljenjem primio vest da je jedan prilično nepoznat mudrac izumeo raspredanje niti i prodavao ga skoro badava jer je na kraju života postao čovekomrzac. Primio ga je istoga dana i ponudio mu čaj sa dvopekom, jer time treba poslužiti mudrace.

– Biću kratak – reče uzvanik. – Vama književnost, pesme i te stvari, ništa?

– Tako je, doktore – odvrati glavešina. – Za mene su pamfleti, novine opozicije, ta sranja.

– Savršeno, ali shvatate da pronalazak ne pravi razliku, hoću da kažem vaše novine, vaša piskarala.

– Šta da se radi, u svakom slučaju sam na dobitku ako je tačno da.

– Kad tako stoji stvar – reče mudrac izvlačeći neku spravicu iz kaputa – sve je vrlo jednostavno. Šta je drugo reč nego niz slova, i nije li slovo samo linija koja oblikuje određeni crtež? Pošto smo se dogovorili, pritisnuću ovo sedefno dugmence i sprava će proizvesti lančani trzaj koji deluje na svako slovo tako da ga ispegla i poravna, napravi od njega vodoravan končić od mastila. Da učinim to?

– Učinite, majkoviću – riknu glavešina.

Zvanične novine, na stolu, vidno promeniše izgled; stranice i stranice stubaca punih crtica kao neka budalasta Morzeova azbuka na kojoj je bilo samo – – –.

– Bacite pogled u Enciklopediju Espasa – reče mudrac, kome nije bilo nepoznato neizostavno prisustvo tog proizvoda u vladajućim krugovima. Ali nije bilo potrebe jer je već zvonio telefon, ministar kulture je doleteo, trg prepun sveta, te noći na čitavoj planeti nijedne štampane knjige, nijednog slova zaturenog u dnu štamparske kutije.

Ja sam uspeo ovo da napišem jer sam ja taj mudrac, a osim toga, gde ste videli pravilo bez izuzetka.

# PORODIČNE VEZE

Toliko mrze tetka Angustiju da čak i odmor koriste kako bi joj to stavili do znanja. Čim porodica krene u različitim turističkim pravcima, nastane poplava od razglednica u agfakoloru, kodahromu, čak i u crno-beloj tehnici, ako nema drugih pri ruci, ali sve bez izuzetka prekrivene uvredama. Iz Rozarija, San Andres de Hilesa, Ćivilkoja, sa ugla ulica Ćakabuko i Moreno, poštari pet-šest puta dnevno psuju, tetka Angustija presrećna. Ona nikad ne izlazi iz kuće, voli da sedi u dvorištu, provodi dane primajući razglednice, i oduševljena je.

Uzorak razglednice: „Zdravo, gade jedan, dabogda te ubio grom, Gustav". „Pljunem ti u njušku, Hosefina." „Dabogda ti mačka zapišavala muškatle, pa se osušile, tvoja sestrica.« I tako redom.

Tetka Angustija ustaje rano da primi poštare i dade im napojnicu. Čita razglednice, divi se fotografijama, pa ponovo čita pozdrave. Uveče izvlači album i sa mnogo pažnje ubira dnevnu žetvu, slaže je tako da se mogu videti slike ali i pozdravi. „Siroti anđelčići, koliko mi razglednica šalju", misli tetka Angtustija, „ova sa kravicom, ova sa crkvom, ovde jezero Traful, ovde buket cveća", raznežno ih pregleda jednu po jednu i u svaku zabada čiode, da razglednice ne ispadnu iz albuma, mada naravno, uvek ih probada tamo gde su potpisi, đavo će ga znati zašto.

# KAKO DA SE MIMOIĐE

Važna otkrića nastaju pod najčudnovatijim okolnostima i na najneobičnijim mestima. Pogledajte samo Njutnovu jabuku, da se čovak čudi i krsti. Meni se desilo da usred jednog poslovnog sastanka, ne znam zašto, pomislim na mačke koje nisu imale nikakve veze sa dnevnim redom, i iznenada otkrijem da su mačke telefoni. Tek tako, kao što uvek biva sa genijalnim otkrićima.

Dakako, takvo otkriće izaziva izvesno zaprepašćenje, pošto niko nije navikao da telefoni idu tamo-amo, a posebno ne da piju mleko i obožavaju ribu. Potrebno je vremena kako bi se shvatilo da je reč o naročitim telefonima, kao toki-voki, o bežičnim telefonima, a uostalom, i mi smo naročiti kad dosad nismo shvatali da su mačke telefoni pa nam nije bilo ni na kraj pameti da ih koristimo.

Pošto ovaj nemar vuče korene iz najdrevnije starine, malo se može očekivati od veza koje bismo uspostavili na osnovu moga otkrića, jer očigledino ne postoji nikakav ključ koji bi nam omogućio da razumemo poruke, njihovo poreklo i namere onih koji nam ih šalju. Nije reč, kao što ste već po svoj prilici primetili, o tome da se podigne nepostojeća slušalica i okrene neki broj koji nema nikave veze sa našim brojevima, niti o tome da se razume ono što bi nam s druge strane mogli reći na podjednako nerazumljiv način. Da telefon radi, pošteno dokazuje svaka mačka ali pretplaćeni dvonošci ne uzvraćaju jednakom merom; ko može poreći da njegov crni, beli, pegavi ili angorski telefon samo odjednom bane, odlučno se ukopa kraj nogu pretplatnika i proizvede poruku koju naša prepotopska i patetična pismenost glupavo transkribuje u oblike nekog „mijao" i drugih sličnih fonema. Svilenkasti glagoli, baršunasti pridevi, proste i složene ali uvek sapunjave i glicerinske rečenice, čine govor koji se u nekim slučajevima povezuje sa glađu, i tom prilikom telefon nije ništa drugo nego mačka, ali se drugom prilikom glaska uz potpuno zanemarivanje sopstvene ličnosti, što dokazuje da je mačka telefon.

Ovako nespretni i uobraženi dopustili smo da prođu milenijumi, a da ne odgovorimo na pozive, da se ne upitamo odakle dolaze, ko je sa druge strane te linije koju drhtavi rep više nema volje da nam pokazuje ni u jednoj kući na svetu. Čemu li služi, čemu nam služi moje otikriće? Svaka je mačka telefon, ali je svaki čovek samo jedan siroti čovek. Ko zna šta nam to i dalje govore, kakve nam puteve pokazuju; što se mene tiče, samo sam uspeo da svojim običnim telefonom okrenem broj univerziteta za koji radim, i da im skoro postiđeno objavim svoj pronalazak. Čini mi se da nema potrebe pominjati muk slеđene džigerice sa kakvim su ga primili mudraci koji odgovaraju na ovu vrstu poziva.

# MALECKI RAJ

Oblici sreće veoma su raznovrsni, pa ne treba da vas čudi što stanovnici zemlje kojom vlada general Orangu smatraju sebe srećnim od dana kada im se krv napuni zlatnim ribicama. Ribice u stvari i nisu od zlata nego samo pozlaćene, ali dovoljno je da ih čovek vidi pa da se njihovi blistavi odsjaji odmah pretvore u čežnju za neodložnim posedovanjem. Vlada je to dobro znala kada je jedan prirodoslovac upecao prve primerke, koji su se brzo razmnožili uz odgovarajuću negu. Tehnički poznata kao Z-8, zlatna ribica izuzetno je mala, toliko je mala da, ako bi se mogla zaimisliti kokoška veličine mušice, zlatna ribica bi bila veličine te kokoške. Zato je veoma jednostavno uneti ih u krvotok stanovnika u trenutku kada ovi napune osamnaest godina; zakon utvrđuje to godište i odgovarajući tehnički postupak.

Tako svi mladi u zemlji željno iščekuju dan kada će im se omogućiti da uđu u jedan od centara za implantaciju, a porodice ih okružuju radošću koja uvek prati velike ceremonije. Za venu na ruci vezuje se cevčica koja se spušta u prozirnu bocu punu fiziološkog rastvora u koju se kad kucne čas ubacuje dvadeset zlatnih ribica. Porodica i počastvovani mladić ili devojka naširoko mogu da se dive iskričavom kretanju zlatnih ribica u staklenoj boci, sve dok jedna za drugom ne budu usisane u cev i spuštene i možda malo zbunjene poput mnogih drugih kapi svetlosti, pa nestanu u veni. Pola časa kasnije građanin poseduje svoje zlatne ribice i povlači se da raskošno proslavi pristupanje društvu srećnika.

Kad bolje pogledamo, stanovnici su srećni više zahvaljujući mašti nego neposrednom dodiru sa stvarnošću. Kako više ne mogu da ih vide, svako od njih zna da zlatne ribice plivaju kroz veliku mrežu arterija i vena, pa im se pre nego što zaspu čini da pod ispupčenjima očnih kapaka prisustvuju kretanju svetlucavih iskrica, zlaćanih kao nikada pre na crvenoj pozadini reka i potoka kroz koje klize tamo-amo. Najviše ih oduševljava saznanje da dvadeset zlatnih ribica odmah počinje da se razmnožava, pa ih tako zamišljaju bezbrojne i blistave svuda po sebi, kako klize pod čelom, stižu do vrhova prstiju, skupljaju se u velikim bedrenim arterijama, u juguralnoj veni, kako se vešto provlače kroz najtesnije i najskrovitije kutke. Redovni prolazak kroz srce predstavlja najprijatniju sliku te unutrašnje vizije, jer će tamo zlatne ribice naći tobogane, jezera i vodopade gde će se igrati i odmarati, a zacelo se u toj velikoj i bučnoj luci upoznaju, biraju i pare. Kada se mladići i devojke zaljube, ubeđeni su da je tada i u njihovim srcima neka zlatna ribica našla sebi druga. Čak se i izvesna uzbudljiva golicanja odmah pripisuju spajanju zlatnih ribica u odgovarajućim delovima tela. Suštinski ritmovi života tako jedan drugom odgovaraju spolja i iznutra; teško se može zamisliti skladnija sreća.

Tu sliku jedino narušava povremena smrt neke od zlatnih ribica. Dugovečne su, ali ipak dođe dan kada jedna od njih umre i njeno telo, nošeno krvotokom, najzad prepreči prolaz iz arterije u venu ili iz vene u neku manju žilu. Stanovnici znaju simiptome, uostalom vrlo jednostavne: otežano disanje i ponekad vrtoglavica. U tom slučaju poseže se za injekcijom koju svako drži u kući. Za nekoliko minuta ona rastvara telo mrtve ribice i cirkulacija se normalizuje. Prema vladinim upozorenjima, svaki stanovnlk treba da upotrebi dve ili tri ampule mesečno, jer su se zlatne ribice strašno namnožile i koeficijent smrtnosti vremenom se sve više povećava.

Vlada generala Orangua utvrdila je cenu svake ampule u visni od dvadeset dolara u protivvrednosti, što predstavlja godišnji prihod od nekoliko miliona; ako se to stranim posmatračima čini kao strašan namet, stanovnici nikada nisu na to tako gledali, jer im svaka ampula vraća sreću, pa je i pravo da za nju plaćaju. Kada su u pitanju porodice bez sredstava; što je veoma česta pojava, vlada im daje ampule na kredit, uzimajući im, što je logično, dvostruki iznos. Ako ipak i dalje bude ljudi bez ampule, ostaje im da pribegnu razvijenoj crnoj berzi koju vlada, puna razumevanja i dobrote, pušta da cveta na polzu i uveselenije naroda i nekih pukovnika. Najzad, šta nas briga za bedu kad se zna da svako ima svoje zlatne ribice i da će uskoro doći dan kada će ih novo pokolenje primiti pa će biti opšteg narodnog veselja.

# ŽIVOTI ARTISTOVA

Kada deca počnu da ulaze u tajne gramatike, opšte pravilo da se imenice muškog roda završavaju na suglasnik ili »o« a ženske na »a« čini im se tako logičnim da ga bez oklevanja i izuzetka primenjuju i na izuzetke, i tako je Beba idiota a Toto je idioto, ptic svija gnezdo sa svojom pticom a veverac sa svojom vevericom, i nijedan fok na svetu ne roni bez svoje foke. Meni se to čini tako pravednim da bi svaki turista, artista, karatista, slavista i eskapista morao da uskladi svoj završetak sa rodom izvršioca dotične radnje. Unutar jedne nepokolebljivo androkratske civilizacije kao što je latinoamerička treba govoriti o artistovima uopšte i o artistima i artistama ponaosob. Što se tiče životopisa koji će uslediti, oni su skromni ali poučni i naljutio bih se na onoga ko bi mislio suprotno.

## *Kitten on the Keys*

Jednu su mačku naučili da svira na klaviru, pa je dotična životinja sedela na hoklici i svirala i svirala sav postojeći repertoar za klavir, plus pet svojih kompozicija posvećenih različitim psima.

Uostalom, mačka je bila savršeno glupa, pa je u predasima između koncerata komponovala nove komade sa upornošću koja je zapanjivala ceo svet. Tako stiže i do Opusa osamdeset devet i pod dotičnim okolnostima postade žrtva cigle bačene sa neukrotivim besom. Danas počiva u foajeu Gran Reksa, Ulica Korjentes 640.

*Ne može se tek tako narušavati prirodni sklad*

Jedan je dečko imao po trinaest prstiju na svakoj ruci, pa ga njegove tetke odmah staviše pred harfu, da ne propadne višak i da bi studije bile okončane dvostruko brže nego kad su u pitanju siroti petoprstaši. Tako je dečak naučio da svira s veštinom kojoj nijedna partitura nije dorasla. Kada je počeo da daje koncerte, količina muzike koju je izvodio u vremenu i prostoru sa svojih dvadeset šest prstiju blla je toliko prekomerna da ga slušaoci nisu mogli pratiti, pa su stalno zaostajali, tako da su oni još uvek bili kod *Tambourin Chinois* (obrada) kada je on već završavao *Arteusin izvor* (transkripcija). To je naravno izazivalo stravičnu zbrku, ali su svi priznavali da je mali čudo-od-detata.

Tako se desilo da verni slušaoci, kao što su abonenti u ložama i novinski kritičari, nastave da odlaze na dečakove koncerte, ulažući svu dobru volju da ne zaostanu za tokom programa. Toliko su slušali da su mnogima počele da rastu uši na licu, a sa svakim novoizraslim uvom postali bi malo bliži muzici dvadeset i šest prstiju na harfi. Nevolja je u tome što je pred ulazom u Vagnerijanu došlo do padanja u nesvest velikog broja očevidaca pred prizorom ovih slušalaca sa licima prekrivenim ušima, i onda je gradonačelnik sasekao zlo u korenu, tako da su dečaka prebacili u Upravu prihoda, odsek daktilografija, gde je radio tako brzo da je predstavljao pravo zadovoljstvo za pretpostavljene i pravu napast za kolege. Što se tiče muzike, u mračnom uglu salona, od svoga gazde možda zaboravljena, ćutljiva i prašinom pokrivena stajala je harfa.

*Običaji u Simfonijskom orkestru* **Muva**

Dirigent Simfonijskog orkestra „Muva", maestro Tabare Pišiteli, tvorac je orkestarskog gesla: »Stvaralaštvo u slobodi«. U tom je cilju dozvoljavao rol-kragne, anarhizam, i sam pružao uzvišen primer nezavisnosti. Zar nije viđan kako usred neke Malerove simfonije dodaje dirigentsku palicu jednom od violinista (takva ga čast do tada u životu nije zadesila) i odlazi na neko prazno mesto u parteru da pročita novine?

Violončelisti Simfonijskog orkestra »Muva« orkestrirano su voleli harfistkinju, gospođu udovicu Peres de Sanđakomo. Ta se ljubav izražavala u primetnoj nameri da se poremeti poredak u orkestru i da se nekom vrstom paravana od violončela okruži zbunjena izvođačica, čije su ruke izvirivale kao pozivi u pomoć tokom čitavog programa. Uostalom, nijedan abonent na koncertima nikada nije čuo ni jedan jedini arpeđo dotične harfe pošto je zvučno brundanje violončela prekrivalo njene istančane prelive.

Pošto joj je Uprava zapretila, gospođa Peres de Sanđakomo poklonila je naklonost srca svoga violončelisti Remu Persutiju, kome je dozvoljeno da zadrži svoj instrument u blizini harfe, dok su se ostali kao tužna procesija balegara vratili na mesto koje je tradicija dodelila njihovim pensativnim ljušturama.

U tom orkestru jedan od fagotista nije mogao svirati na svom instrumentu a da ne dođe do čudnovate pojave da bude usisan kroz jedan, i odmah zatim izbačen kroz drugi kraj svog instrumenta, i to takvom brzinom da bi se zabezeknuti muzičar kada se iznenada nađe na suprotnoj strani fagota munjevitom brzinom morao okrenuti i nastaviti da svira, a to ne bi prošlo bez dirigentovih omalovažavajućih ličnih opaski.

Jedne noći kada je izvođena *Lutkina simfonija* Alberta Vilijamsa, fagotista se u napadu usisavanja iznenada našao sa druge strane instrumenta ali ovoga puta uz ozbiljnu nepogodnost jer je rečeno mesto zauzimao klarinetista Perkins Virasoro, koji je udarcem odbačen na kontrabasove i ustao primetno razjaren izgovarajući reči koje se nikada nisu čule iz usta jedne lutke; takvo je barem bilo mišljenje nekih gospođa abonentkinja i dežurnog vatrogasca, oca nekolike dece.

Pošto violončelista Remo Persuti nije došao, personal iz njegove branše premestio se da se prihvati saradnje sa harfistkinjom, gospođom Peres de Sanđakomo, odakle se nije mrdnuo čitave večeri. Pozorišni personal prostro je tepih i naređao saksije sa paprati da bi se popunila osetna praznina.

Timpanista Alsides Radaelji koristio se simfonijskim poemama Riharda Štrausa da Morzeovom azbukom pisanu poruku pošalje svojoj verenici, abonentkinji u superbusu, osam levo.

Vojni telegrafista koji je prisustvovao tom koncertu pošto je u luna-parku uklonjen džu-boks zbog žalosti u porodici jednog od vlasnika, sa velikim je čuđenjem dešifrovao sledeću rečenicu koja je virila iz *Tako je govorio Zaratusra*: »Da li ti je prošla koprivnjača, Kuka?«

### Kvintesence

Tenor Amerigo Skravelini, član pozorišta Markoni, pevao je tako milozvučno da su ga obožavaoci zvali »anđeo«.

Tako se niko nije naročito iznenadio kada su usred koncerta viđena četiri prelepa serafima koji su uz neizrecivo šuškanje zlatnih i crvenih krilaca pratili glas velikog pevača. Ako je jedan deo publike pokazao znake razumljivog čuđenja, ostali su, opčinjeni savršenstvom Skravelinijevog tenora, prisustvo anđela smatrali nekakvim nezaobilaznim čudom, ako su uopšte mislili da je čudo. Sam pevač, zanet prelivima svoga glasa, ograničio se na to da digne pogled put ađela i nastavi da peva upola svoga neuhvatljivog glasa koji mu je doneo slavu u svim subvencioniranim pozorištima.

Anđeli su ga milostivo okružili i, pridržavajući ga beskrajno nežno i ljubazno, uzdigli sa pozornice dok su prisutni drhtali od uzbuđenja i udivljenja, a pevač nastavio svoju u vazduhu još eteričniju pesmu.

Tako ga anđeli udaljiše od publike, koja najzad shvati da tenor Skravelini nije od ovoga sveta. Nebeska grupa dospe do samog vrha pozornice; pevačev je glas postajao sve vanzemaljskiji. Kada njegovo grlo ispusti savršenu završnu notu arije, anđeli ga ispustiše.

# TEKSTUROLOGIJE

Dajemo samo sažetak središnjeg predmeta proučavanja svakog od šest navedenih kritičkih radova.
*Pričam ti priču*, pesme Hosea Lobisona (*Horizontes*, La Paz, Bolivija, 1974). Kritički prikaz Mišela Pardala u *Bulletin Semantique*, Univerzitet u Marselju, 1975 (prevedeno sa francuskog):
Retko smo u prilici da čitamo tako ništavan proizvod latinoameričke poezije. Zamenjujući pojmove tradicije i stvaralaštva, autor nagomilava tužnu nisku opštih mesta koja versifikacija uspeva samo da učini još ispraznijim.
Članak Nensi Daglas u *The Phenomenological Review*, Univerzitet Nebraska, 1975. (prevedeno sa engleskog):
Očigledno Mišel Pardal pogrešno koristi pojmove stvaralaštvo i tradicija: pošto je ova druga vrhunsko sažimanje ranijih tvorevina, ni na koji način ne može biti protivna savremenom stvaralaštvu.
Članak Borisa Romanskog u *Sovjetskaja Bjeli*, Savez pisaca Mongolije, 1975 (prevedeno sa ruskog):
Sa frivolnošću koja nas ne može zavarati u pogledu svojih pravih ideoloških namera, Nensi Daglas se zalaže za najkonzervativniji i najreakcionarniji kritički pristup, u nameri da koči napredak savremene književnosti u ime neke »plodotvornosti prošlosti«. Ono što je mnogo puta nepravedno zamereno sovjetskim književnostima sada postaje dogma u okvirima kapitalizma. Nije li onda opravdano govoriti o frivolnosti?
Članak Filipa Mjureja u *The Nonsense Tabloid*, London, 1976 (prevedeno sa engleskog):

Jezik profesara Borisa Romanskog u najmanju ruku zaslužuje da bude blagonaklono okvalifikovan kao petparački žargon. Kako se možemo suočiti sa kritičkom postavkom iznetom u terminima normativnog istoricizma? Da li profesor Romanski još putuje kočijama, zapečaćuje pisma voskom i leči prehladu mašću od mrmota? Iz perspektive savremene kritike, nije li već vreme da pojmove tradicije i kreacije zamenimo simbiotičkim terminima kao što su »istorijsko-kulturna entropija« i »antropodinamički koeficijent«?

Članak Žerara Depardjabla u *Quel Sel*, Pariz, 1976 (prevedeno sa francuskog):

Albione, Albione, veran samom sebi! Prosto je neverovatno da se sa druge strane kanala koji čovek može preplivati i dalje nepovratno nazaduje u pravcu uhronije kritičkog prostora. Očigledno, Filip Mjurej nije čitao Sosira, i njegove na izgled polisemične pretpostavke su, konačno, isto toliko zastarele kao i one koje kritikuje. Po našem mišljenju, urođena dihotomija prividno kontinuiranog toka pisanja projektuje se kao krajnje označeno i kao označavajuće u virtualnoj imploziji (demotski rečeno, u prošlosti i sadašnjosti).

Članak Benita Almasana u *Ida Singular*, Meksiko, 1977:

Veličanstveni heuristički rad Žerara Depardjabla, koji bismo s razlogom mogli odrediti kao strutkturološki po njegovom dvostrukom *ur*-semiotičkom bogatstvu i strogosti postavki na jednom polju toliko podložnom praznoslovlju. Prepustiću nekom pesniku da premonitorno rezimira ova tekstološka dostignuća koja već najavljuju parametainfrakritiku budućnosti. U svojoj magistralnoj knjizi *Pričam ti priču* Hose Lobison na kraju jedne duge pesme kaže:

*Jedno znači biti patka po perju,*
*a sasvim drugo biti perje iz patke.*

Šta dodati ovoj blistavoj apsolutizaciji kontingencijalnog?

## ŠTA JE TO POLIGRAF?

Moj imenjak Kasares neprestano me iznenađuje. S obzirom na ono što sledi, ovo sam poglavlje želeo da nazovem *Poligrafija*, ali nekakav skoro pseći nagon odveo me je do stranice 840 u ideološkom pterodaktilu, kad tamo, cap: s jedne strane, poligraf je, u drugom značenju, »pisac koji piše o različitim stvarima«, ali poligrafija, naprotiv, jeste isključivo veština pisanja koje može rastumačiti samo onaj ko unapred zna ključ, kao i veština tumačenja štiva takve vrste. Tako da se moje poglavlje koje govori ništa manje nego o doktoru Semjuelu Džonsonu ne može nazvati »Poligrafija«.

Godine 1756, u četrdeset i sedmoj godini života i prema podacima neumornog Bosvela, doktor Džonson je počeo da sarađuje u *The Literary Magazine, or Universal Review*. Tokom petnaest mesečnih brojeva objavljeni su njegovi sledeći članci: »Uvod u političko stanje u Velikoj Britaniji«, »Razmatranje zakona o vojnoj službi«, »Razmatranje o raspravama Njenog Britanskog Veličanstva sa ruskom caricom i Lendgrejvom od Hes Kesla«, »Razmatranja trenutne situacije« i »Sećanja na Fridriha III, pruskog kralja«. Te iste, i u prva tri meseca 1757. godine, Džonson je prikazao sledeće knjige:

Biršovu Istoriju *Royal Society*.
Marfijev Dnevnik *Gray's Inna*.
Vortonov Ogled o Popovom delu i geniju.
Hemptonov prevod Polibija.
Blekvelove Uspomene sa Avgustovog dvora.
Raselovu Prirodnu istoriju Alepoa.

Argumente Ser Isaka Njutna u dokazivanju postojanja božanstva.
Borlejzovu Istoriju ostrva.
Holmsove Opite o beljenju uz pomoć kreča.
Braunsov Hrišćanski moral.
Halsovu Destilaciju morske vode, ventilacije u brodovima i popravljanje lošeg ukusa mleka.
Lukin Ogled o vodama.
Kitov Katalog škotskih biskupa.
Braunovu Istoriju Jamajke.
Filozofska akta, vol. XLIX.
Prevod Silijevih uspomena, od gospođe Lenoks.
Zbirku raznog štiva Elizabete Harison.
Evansovu Mapu i izveštaj o američkim kolonijama.
Pismo o slučaju admirala Binga.
Poziv narodu povodom admirala Binga.
Hanvejevo Osmodnevno putovanje i Ogled o čaju.
Kadet, vojna rasprava.
Nove pojedinosti u vezi sa slučajem admirala Binga, nekog gospodina sa Oksforda.
Ponašanje ministarstva u odnosu na trenutni rat, nepristrasno analizirano.
Zdravorazumsko ispitivanje prirode i porekla zla.

Za nešto više od godinu dana, pet ogleda i dvadeset pet prikaza iz pera čoveka čiji je glavni nedostatak, po njemu samom i njegovim kritičarima, bila lenost... Čuveni Džonsonov *Rečnik* završen je za tri godine, a ima dokaza da je autor praktično sam radio na tom divovskom poslu. Garik, glumac, u jednoj pesmi slavi Džonsona »koji je pobedio četrdeset Francuza«, misleći na članove Francuske akademije koji su zajedno radili na rečniku svoga jezika.

Gajim veliku naklonost prema poligrafima koji bacaju udice na sve strane, istovremeno se izgovarajući pospanošću kao doktor Džonson, a pronalaze načina da se bave iscrpljujućim radom na temama kao što su čaj, popravljanje lošeg ukusa mleka i Avgustov dvor, škotske biskupe da ne pominjemo. Na kraju krajeva baš to i radim u ovoj knjizi, ali lenost doktora Džonsona mi deluje kao radna groznica, toliko nezamisliva da moji najveći napori ne prevazilaze povremena protezanja kroz dremež u paragvajskoj ljuljašci. Kad pomislim da ima romansijera koji proizvedu po jednu knjigu svakih deset godina, a u međuvremenu ubeđuju novinare i dame kako su iscrpljeni unutrašnjim delanjem...

## ŽELEZNIČKA POSMATRANJA

Buđenje kod gospođe de Cinamomo nije veselo, jer kada spusti stopala u papuče otkrije da su ove pune puževa. Naoružana čekićem, gospođa de Cinamomo pristupa tamanjenju puževa, posle čega je primorana da papuče baci na đubre. Sa tom namerom silazi u kuhinju i počinje da ćaska sa služavkom.
– Kuća će biti tako prazna sad kad je otišla Njata.
– Da, gospođo – kaže služavka.
– Koliko sveta sinoć na stanici. Svi peroni puni naroda. Njata se tako uzbudila.
– Polazi mnogo vozova – kaže služavka.
– Baš tako, ćeri. Železnica svuda doprla.
– Napredak – kaže služavka.
– Red vožnje tačan u minut. Voz je polazio u osam i jedan, i stvarno ode, a još je bio pun puncijat.
– Tako i treba – kaže služavika.
– A da znaš što je lep kupe dobila Njata. Sve sa pozlaćenim šipkama.
– U prvoj klasi, biće – kaže služavka.
– U jednom delu kao neki balkon od providne plastike.
– Čudo božje – kaže služavka.
– Bilo je samo troje, sve sa rezervacijama, božanstvene kartice. Njata je dobila mesto pored prozora, pored zlatnih šipki.
– Ma nemojte – kaže služavka.
– Tako je bila zadovoljna, mogla je da se nagne preko balkona i da zaliva cveće.
– Bilo je i cveća? – kaže služavka.

– Ono što raste između šina. Tražiš čašu vode pa ga
zaliješ, Njata je odmah tražila jednu čašu.
– I dali joj? – kaže služavka.
– Nisu – tužno će gospođa de Cinamomo, pa baci u
đubre papuče pune crknutih puževa.

# PLIVANJE U BAZENU SA GOFIJOM

Profesor Hose Migeletes je 1964. godine izmislio bazen sa gofijom[*] u početku nije podržao to značajno tehničko usavršenje kojim je profesor Migeletes doprineo plivačkoj veštini. Međutim, veoma brzo su na polju sporta ostvareni prvi rezultati, kada je na Ekološkim igrama u Bagdadu japanski šampion Akiro Tešuma oborio svetski rekord, preplivavši pet metara za jedan minut i četiri sekunde.

Kada su ga oduševljeni novinari intervjuisali, Tešuma je potvrdio da plivanje u gofiju daleko prevazilazi tradicionalni način plivanja u $H_2O$. U početku se dejstvo sile teže ne oseća, čak je potreban napor da bi telo uronilo u meki brašnjavi dušek; tako se uskakanje, pre svega, sastoji u tome da čovek klizi po gofiju, pa će onaj koji je

---

[*] A to je, ako niste znali, veoma sitno samleveno brašno od pasulja koje je, pomešano sa šećerom, u moje vreme predstavljalo pravu poslasticu za argentinsku decu. Ima ljudi koji smatraju da se gofio pravi od kukuruznog brašna, ali to tvrdi samo Akademijin rečnik, a kad je takva stvar, zna se. Gofio je sivkasti prah i prodaje se u papirnatim kesicama koje deca stavljaju u usta što dovodi do ishoda koji naginju gušenju. Kada sam išao u četvrti razred u Bamfildu (južna železnička stanica), za vreme odmora smo jeli toliko gofija da su od trideset učenika svega dvadeset i dva doživela kraj školske godine. Prestravljene učiteljice su nam savetovale da udahnemo pre nego što progutamo gofio, ali deca ko deca, teško je izaći s njima na kraj. Po završetku ovog objašnjenja o koristima i šteti od tako hranljive materije, neka se čitalac vrati na označenu reč, gde će saznati kako niko

veštiji na samom početku dobiti nekoliko centimetara prednosti u odnosu na svoje čile suparnike. Od te faze nadalje, plivački pokreti oslanjaju se na tradicionalnu tehniku kašike u kačamaku, dok se stopalima primenjuje rotacija tipa bicikliste ili, još bolje, veličanstvenih parobroda sa točkovima koji još saobraćaju po nekim bioskopima. Teškoća čije prevazilaženje zahteva ozbiljan rad jeste, kao što je svima poznato, disanje. Pošto je dokazano da leđni stil ne omogućava nesmetano napredovanje kroz gofio, mora se plivati prsno ili blago postrance, pri čemu se oči, nos, uši i usta odmah urone u jedan više nego lebdeći oblak koji samo neki dobrostojeći klubovi parfimišu šećerom u prahu. Ovoj prolaznoj nepogodnosti nije posebno teško naći leka: kontakt-sočiva propisno impregnirana silikatima sprečavaju gofio da prianja, dve gumene loptice sređuju stvar po pitanju ušiju, nos je snabdeven sistemom bezbednosnih ventila, a što se tiče usta, snalazi se kako ko zna i ume, jer se prema proračunu *Tokio Medical Research Centera* procenjuje da se tokom trke na deset metara proguta nekih četiri stotine grama gofija, što izaziva povećano lučenje adrenalina, ubrzanje metabolizma i povećanje mišićnog tonusa, stvari više nego neopodnih baš na ovakvim takmičenjima.

Upitan za razloge zbog kojih mnogi svetski atletičari pokazuju sve veću naklonost ka plivanju u gofiju, Tašuma je ograničio odgovor na to da je posle nekoliko milenijuma najzad dokazano kako je u izvesnoj meri jednolično skočiti u vodu i izaći iz nje potpuno mokar a da se u sportu ništa naročito ne promeni. Ukazao je na činjenicu da mašta polako osvaja vlast i da je već vreme za primenu revolucianarnih oblika starih sportova u kojima je jedini podsticaj obaranje rekorda za nekoliko desetinki sekunde kada se ukaže mogućnost, a mogućnost se ukazuje vrlo retko. Skromno je dodao da se ne smatra kadrim da predloži odgovarajuće novine u fudbalu i tenisu, ali je posredno nagovestio novo viđenje sporta, pomenuvši staklenu loptu koja je korišćena na košarkaškom susretu u Nagi, čije je nehotično ali veoma moguće razbijanje podrazumevalo harakiri odgovorne ekipe. Sve se može očekivati od japanske kulture, posebno u poređenju sa meksičkom, ali ostanimo u okviru Zapada i gofija; ovaj potonji sve je više na ceni, na posebno zadovoljstvo zemalja proizvođača, koje su sve iz trećeg sveta. Smrt izazvana gušenjem koja je snašla sedmoro australijske dece pri pokušaju da uvežbaju umetničke skokove na novom bazenu u Kamberi pokazuje, međutim, ograničenje ovog izuzetnog proizvoda, sa čijom upotrebom ne bi trebalo preterivati kada su u pitanju amateri.

# PORODICE

– Meni se sviđa da pipkam stopala – kaže gospođa de Brakamonte.
Gospođa de Cinamomo se sablažnjava. Kad je Njata bila mala hvatalo je tako da se pipka kojekuda. Tretman: pljus šamar s jedne strane, pa pljus s druge, batina je iz raja izašla.
– More, iver od klade ne beži – poverljivo će gospođa de Cinamomo. – Nije da ogovaram, ali njena baba po ocu, danju samo vino, ali uveče, drž votku i ostale komunističke svinjarije.
– Pogubno dejstvo alkohola – prebledi gospođa de Brakamonte.
– Da vam ja kažem nešto, kako sam je vaspitala, verujte, ni traga nije ostalo. Daću ja njoj vino.
– Njata je zlatna – kaže gospođa de Brakamonte.
– Sad je u Tandilu – kaže gospođa de Cinamomo.

## »NOW SHUT UP, YOU DISTASTEFUL ADBEKUNKUS«

Možda mekušci nisu neurotični, ali sve više vrste samo treba pažljivo pogledati; lično sam video neurotične kokoške, neurotične gliste, neuračunljivo neurotične pse; ima drveća i cveća kojima će psihijatrija budućnosti odrediti psihosomatsko lečenje jer nam već danas njihovi oblici i boje zaista deluju bolesno. Tada nikoga neće začuditi što sam ostao ravnodušan kad sam sâm sebe čuo, dok sam se tуširao, katko kažem sa vidnim osvetničkim zadovoljstvom: *Now shut up, you distasteful Adbekunkus*.

Dok sam se sapunjao, upozorenje se ritmično ponavljalo, a ja se nikako nisam upuštao u analize, kao da je to samo deo pene za kupanje. Tek na kraju, između kolonjske vode i donjeg veša, počeh da se zanimam za sebe, pa otud i za Adbekunkusa, kome sam, veoma uporno, pola sata naređivao da umukne. Onda sam lepo proveo besanu noć ispitujući to blago ispoljavanje neuroze, bezopasno ali uporno izbijanje dugotrajnog otpora snu; počeh da se pitam, gde li toroče taj Adbekunkus kad ga nešto u meni čuje i rešilo je da od njega na engleskom zatraži da umukne.

Odbacih previše jednostavnu fantastičnu pretpostavku: nema nigde nikoga ko se zove Adbekunkus, a uz to je obdaren sposobnošću govora i dosađivanja. Uopšte nisam sumnjao da je reč o ličnom imenu; ponekad se čoveku desi da vidi i veliko slovo pojedinih glasovnih složenica. Znam da sam prilično nadaren za izmišljanje na izgled besmislenih reči, ili reči besmislenih sve dok im ja ne dadem značenje za svoj groš, ali ne verujem da sam ikada smislio neko tako neprijatno, tako groteskno i tako odbojno ime kao što je Adbekunkus. Ime unutrašnjeg đavola, tužnog adlatusa, jednog od mnogih koje prizivaju vračarske knjige; ime odvratno kao i njegov vlasnik: *distasteful Adbekunkus*. Ali kud me je mogao odvesti tek nekakav osećaj; istina, ni analoška analiza, mnemonički odjeci, nikakva sredstva asocijacija nisu bila od pomoći. Najzad sam prihvatio činjenicu da se Adbekunkus ne vezuje ni za kakav činilac svesnog; neuroza se izgleda sastojala upravo u tome što je rečenica tražila prećutkivanje nečega, nekoga ko je bio savršena praznina. Koliko puta ime iskrslo iz ko zna kakve rasejanosti na kraju izazove sliku neke životinje ili čoveka; ovoga puta ne, Adbekunkus je neizostavno morao ućutati, ali neće on nikada ućutati, jer nit' je kada progovorio, niti je vikao. Kako se boriti protiv konkretizacije praznine? Zaspah pomalo kao on, prazan i odsutan.

## LJUBAV 77

I pošto su uradili sve što inače rade, ustaju, kupaju se, puderišu se, parfimišu se, češljaju se, oblače se, i tako natenane iznova postaju ono što nisu.

# NOVINE U GRADSKOM SAOBRAĆAJU

Osobe kojima se može verovati primetile su da sačinitelj ovih saopštenja pokazuje tako reći bolesno poznavanje sistema podzemnog saobraćaja grada Pariza, a njegova težnja da se vraća na istu temu otkriva u najmanju ruku uznemirujuću pozadinu. Međutim, kako da prećutim vesti o restoranu koji saobraća u metrou i izaziva protivrečne komentare u najrazličitijim sredinama? Ni traga od brošure koja bi sa tom novinom upoznala moguće mušterije; vlasti skoro neprijatno ćute, i samo lena masna mrlja *vox populi* uspeva da prodre do tolike dubine. Nije moguće da se jedna takva novotarija ograniči tek na povlašćenu oblast omeđenu obimom grada koji misli da je sve dopušteno; Meksiko, Švedska, Uganda i Argentina, *inter alia*, trebalo bi da budu, čak moraju biti obaveštene o iskustvu koje umnogome prevazilazi gastronomske granice.

Zamisao je zacelo potekla od *Maksima*, jer je tom hramu velikog ždranja dodeljen vagon-restoran, otvoren skoro u tišini sredinom tekuće godine. Dekoracija i oprema prilično nemaštovito ponavljaju atmosferu bilo kog železničkog restorana, osim što se ovde jede neuporedivo bolje, premda po isto tako neuporedivoj ceni (pojedinosti same po sebi dovoljne da probere mušterije). Nisu izostala zbunjena pitanja o razlogu uvođenja jednog tako uglađenog preduzeća u prlično štrokavi kontekst prevoznog sredstva kao što je metro; neki ljudi, među koje se ubraja i ovaj pisac, sažaljivo prelaze preko takvog pitanja, jer je u njemu očigledno sadržan i odgovor. Na ovom stupnju razvoja zapadne civilizacije više nije zanimljiva jednolična vožnja rols-rojsom do luksuznog restorana, prolazak kroz rojte i klanjanje, a nasuprot tome, lako se može zamisliti grozomorno uživanje izazvano silaskom niz musavo stepenište metroa i ubacivanjem karte u prorez mehanizma koji omogućava pristup na perone zakrčene brojem, znojem i teskobom mnoštva koje izlazi iz fabrika i kancelarija da bi se vratilo kućama, čekanje među beretkama, šubarama i maramama sumnjivog kvaliteta, čekanje voza sa vagonom koji prosti putnici mogu videti samo u trenutku kada se zaustavi. Zadovoljstvo je, uostalom, mnogo veće od tog prvog i neuobičajenog iskustva, kako će odmah biti objašnjeno.

Misao vodilja tako blistave inicijative ima brojne pretke kroz čitavu istoriju, od Mesalininih sumnjivih pohoda u Suburu do licemernih Harun Al Rašidovih šetnji bagdadskim sokacima, da ne pominjemo urođeno uživanje nepatvorene aristokratije u potajnim kontaktima sa najgorim sojem i američku pesmu *Let's go slumming*. Društvenim položajem prinuđena da se voza privatnim limuzinama, luksuznim avionima i vozovima, pariska visoka buržoazija najzad otkriva nešto što se do sada pre svega sastojalo od stepeništa koje se gubi u dubini i niz koje se silazi samo u retkim slučajevima i sa naglašenom odvratnošću. U vreme kada se francuski radnici trude da se odreknu zahteva za povraćajem svojine koji su im doneli toliku slavu u našem veku, u želji da dograbe volan sopstvenog automobila i nacrtaju se pred televizijskun ekranima u retkim slobodnim časovima, koga još može začuditi što bogata buržoazija okreće leđa stvarima koje prete da postanu obične i traži, sa ironijom koju njeni intelektualci neće propustiti da naglase, teren na izgled najbliskiji proletarijatu a istovremeno mnogo udaljeniji od njega nego što to omogućava sama gradska površina? Nema potrebe naglašavati da će zakupci restorana i same mušterije biti prvi koji će uvređeno odbaciti pomisao na bilo kakvu nameru koja bi mogla delovati iole ironično; na kraju krajeva, samo treba skupiti dovoljno novca pa ući u restoran i biti uslužen kao svaka druga mušterija, a dobro je poznato da mnogi prosjaci što spavaju na klupama u metrou imaju ogromna bogatstva, isto kao i Cigani i vođi levice. Uprava restorana, naravno, sasvim se slaže sa ovim primedbama, ali to nije razlog da odustane od predostrožnosti koje od nje prećutno iziskuje prefinjena klijentela, jer novac nije jedina lozinka za prijem na to mesto zasnovano na pristojnosti, lepim manirima i neizostavnoj upotrebi dezodoransa. Čak možemo ustvrditi kako to obavezno probiranje predstavlja suštinsko pitanje za one koji o restoranu brinu, i da nije bilo jednostavno naći neko istovremeno prirodno i delotvorno rešenje. Poznato je da peroni metroa pripadaju svima, između prve i druge klase nema značajnije diskriminacije, tako da kontrolori čak često zanemaruju proveru karata i u vreme gužve vagon prve klase se puni a da niko i ne pomišlja na raspravu oko toga imaju li putnici prava da uđu ili nemaju. Zbog toga, usmeravanje i omogućavanje pristupa posetiocima predstavlja teškoće koje za sada kao da su prevaziđene, premda odgovorni gotovo uopšte ne sakrivaju uznemirenost koja ih obuzima kad god se voz zaustavi u stanici. U opštim crtama, metod se sastoji u držanju zatvorenih vrata dok putnici ulaze i izlaze iz običnih vagona, i njihovom otvaranju tik pred polazak voza; zbog toga je vagon-restoran snabdeven zvučnim signalom koji označava kad treba otvoriti vrata kako bi gosti ušli i izašli. Ta se operacija mora obaviti bez ikakvih smetnji, zbog čega čuvari restorana deluju u saradnji sa staničnim čuvarima, praveći dvostruki špalir koji ograđuje posetioce i istovremeno sprečava namernika, naivnog turistu ili političkog provokatora da se uvuče u salon-restoran.

Prirodno, zahvaljujući privatnoj reklami preduzeća, mušterije su obaveštene da voz treba čekati na tačno određenom delu perona, koji se menja svakih petnaest dana kako bi se zavarali obični putnici, a kao tajni ključ na zid perona se postavlja neki reklamni plakat za sir, deterdžent ili mineralnu vodu. Premda je sistem skup, uprava se radije odlučila da o promenama obaveštava putem poverljivih biltena umesto da postavi strelicu ili kakvu drugu naznaku na odgovarajućem mestu, pošto bi se mnogo mladih besposličara ili skitnica kojima metro služi kao hotel odmah tamo obrelo, makar samo da se izbliza dive blistavoj scenografiji vagon-restorana, koji bi, nesumnjivo, probudio njihove najniže apetite.

Informativni bilten sadrži i druge, podjednako nužne napomene, posetilac mora znati liniju na kojoj će restoran saobraćati u vreme ručka i večere, jer se ta linija svakodnevno menja kako bi se gostima pružilo mnoštvo prijatnih doživljaja. Tako postoji tačno utvrđan kalendar, uz koji su navedeni specijaliteti šefa kuhinje u odgovarajućem dvonedeljnom razdoblju, i premda svakodnevna promena linije upravi povećava teškoće oko ukrcavanja i iskrcavanja, uklonjena je moguća opasnost da se pažnja običnih putnika usredotoči na dva gastronomska perioda dnevno. Ko bilten nije primio, ne može znati hoće li restoran proći linijom Meri de Montrej – Port de Sevr ili Šato de Vansen – Port de Neji; zadovoljstvu koje za posetioce predstavlja poseta različitim delovima mreže metroa i divljenje ne baš nepostojećim razlikama među stanicama, pribraja se važan činilac zaštite od nepredvidljivih reakcija koje bi moglo izazvati svakodnevno pojavljivanje vagon-restorana na stanicama gde se podjednako svakodnevno pojavljuju isti putnici.

Ko god da je jeo na nekoj od ovih maršruta tvrdi da se zadovoljstvu istančane trpeze pridružuje prijatno i ponekad korisno sociološko iskustvo. Smešteni tako da neometano uživaju u prizoru perona, klijenti su u prilici da prisustvuju raznolikim oblicima, gustini i ritmovima u kojima radni narod ide na posao ili se na kraju radnog dana sprema na zasluženi odmor, često unapred spavajući na nogama, još na peronima. Da bi se omogućila spontanost tih posmatranja, bilteni uprave preporučuju mušterijama da ne zure preterano na perone, bolje je da to čine samo između zalogaja i u prekidima razgovora;

očigledno bi preterana naučna radoznalost mogla izazvati neželjenu, premda, naravno, neopravdanu reakciju od strane osoba bez dovoljno kulture koja bi im omogućila da razumeju zavidnu duhovnu širinu modernih demokratija. Posebno je preporučljvo izbegavati duga posmatranja kada na peronima preovlađuju grupe radnika i studenata; posmatranje se može obavljati bez opasnosti u slučaju osoba koje po svojim godinama ili odeći pokazuju veći stepen moguće povezanosti sa klijentelom, pa ih čak pozdravljaju i pokazuju da je njihovo prisustvo u metrou motivisano nacionalnim ponosom ili pozitivnim simptomom napretka.

Poslednjih nedelja, kada je vest o toj novoj službi doprla gotovo do svih gradskih četvrti, primećuje se veće prisustvo snaga reda na stanicama koje posećuje vagon-restoran, što dokazuje zanimanje zvaničnih organa za održanje tako zanimljive novine. Policija pokazuje posebnu aktivnost u trenucima izlaska gostiju, naročito ako je reč o pojedinačnim posetama, ili o posetama u parovima; u tom slučaju, kada jednom prođu kroz špalir od službenika metroa i restorana, promenljiv broj naoružanih policajaca ljubazno prati posetioce do izlaza iz metroa, gde ih najčešće čeka automobil pošto ta klijentela pažljivo brine o organizaciji svake, pa i najmanje pojedinosti na svojim prijatnim gastronomskim izletima. Takve su predostrožnosti više nego objašnjive; u vreme kada najneodgovornije i najneopravdanije nasilje pretvara njujorški, a ponekad i pariski metro u džunglu, predostrožnost vlasti zaslužuje svaku pohvalu ne samo od strane posetilaca nego i od putnika uopšte, koji bi sigurno bili zahvalni da ih ne uvuku u mračne rabote provokatora i duševnih bolesnika, skoro uvek socijalista i komunista, spisak je podugačak, duži od nade siromaha.

# ALI KO OD ŠALE VEČ I ŠESTI ODE

Posle pedesete godine polako počinjemo da umiremo u tuđim smrtima. Veliki čarobnjaci, šamani mladosti, odlaze jedan za drugim. Ponekad više i ne mislimo toliko na njih, ostali su za nama u istoriji; *other voices, other rooms* su nas zvali. Na neki način su uvek bili tu, ali poput slika koje čovek više ne posmatra kao u početku, kao pesme koje daju samo blag miris uspomenama.

Onda – mora biti da svako ima svoje voljene seni, svoje velike posrednike – dođe dan kada prvi od njih zlokobno zaposedne novine i radio. Možda nećemo odmah primetiti da je toga dana počela i naša smrt; ali ja sam to znao još one noći kada je neko usred večere ravnodušno pomenuo televizijsku vest, u Miji la Foreu upravo je umro Žan Kokto, komadić mene takođe je pao mrtav na stolnjake, među konvencionalne fraze.

Drugi su usledili za njim, uvek na isti način, radio ili novine, Luj Armstrong, Pablo Pikaso, Stravinski, Djuk Elington, i sinoć, dok sam kašljao u jednoj havanskoj bolnici, sinoć prijateljskim glasom koji mi je do kreveta doneo žamor iz spoljašnjeg sveta, Čarli Čaplin. Izaći ću iz ove bolnice. Izaći ću izlečen, zacelo, ali po šesti put malo manje živ.

## DIJALOG RASKIDA

*Za čitanje u dva glasa,
na nemoguć način, naravno.*

– Nije baš da ne znamo
– Da, upravo to, ne pronalazimo
– Ali smo možda baš to tražili još od onog dana
– Možda i nismo, ali svakog jutra kad
– Koješta, dođe vreme kad čovek uvidi da je kao
– Ko zna, ja još uvek
– Nije dovoljno hteti, ako ne postoji dokaz da
– Vidiš, ništa nam ne vredi što smo sigurni da
– Naravno, sad bi svako hteo da se jasno pokaže
– Kao da ljubljenje znači potpisivanje oslobađajuće presude, kao da gledanje
– Pod odećom više nema one kože koja
– Nije ni to najgore, pomislim nekad; veća je nevolja ono drugo, reči izgovorene kada
– Ili ćutanje, ono tada znači isto što i
– Umeli smo da samo malo odškrinemo prozor
– I kako prevrće jastuk kad traži
– Kao govor vlažnih mirisa što
– Vikala si i vikala dok sam ja
– Zajedno nas je nosila obnevidela lavina sve dok
– Nadao sam se da ću čuti ono što uvek
– Igrali se, kao, spavamo isprepletani, umotani u čaršave a ponekad
– Milovali se, a budilniku smo sve po spisku
– Ali je tako slatko kad ustanemo i utrkujemo se oko
– Ko prvi mokar, njemu suv peškir
– Kafa i tost, spisak za kupovinu, i sve
– Sve je po starom, reklo bi se da
– Potpuno isto, samo što umesto

– Ko ima volje da prepričava snove posle
– Prevučem olovkom preko obrisa, ponavljam napamet nešto
– A u isto vreme svestan da
– Ah, da, ali skoro smo čekali susret sa
– Još malo pekmeza i
– Hvala, ne

# LOVAC NA SUMRAKE

Da sam sineasta posvetio bih se lovu na sumrake. Proučio sam sve osim koliki je kapital neophodan za safari, ne može se sumrak loviti tek tako, hoću da kažem, ponekad nešto malo počne pa nikako, i baš kad ga čovek batali izraste mu najlepše perje, ili naprotiv, bukne hromatstko obilje pa se onda odjednom pretvori u nasapunjanog papagaja, a u oba slučaja se podrazumeva dobra kamera i kolor film, putni troškovi i prethodna noćenja, čučanje u zasedi pored neba i odabiranje najpogodnijeg vidika, stvari koje uopšte nisu jeftine. U svakom slučaju, verujem, da sam sineasta, sve bih sredio tako da ulovim sumrake, u stvari samo jedan sumrak, ali da bi se došlo do konačnog sumraka treba ih snimiti četrdeset ili pedeset, jer da sam sineasta imao bih iste zahteve kakve postavljam pred reči, žene ili svetsku politiku.

Nije tako, pa se tešim zamišljajući već ulovljen sumrak, vidim ga kako spava u svojoj predugačkoj konzerviranoj spirali. Moj plan: ne samo lov, nego i snabdevanje mojih bližnjih koji o smraku malo znaju, hoću da kažem, ljudi iz grada koji vide kako sunce zalazi – ako vide – iza zgrade pošte, stanova preko puta ili na subhorizontu TV-antena i bandera javne rasvete. Bio bi to nemi film, ili sa zvučnom podlogom koja bi zabeležila samo glasove savremenika snimljenog sumraka, verovatno lavež pasa ili zujanje muva, uz malo sreće i klepetušu na ovci ili udar talasa ako je sumrak morski.

Po iskustvu i ručnom satu znam da dobar zalazak sunca traje najviše dvadeset minuta između klimaksa i antiklimaksa, a te bih dve stvari odstranio i ostavio samo dugu unutrašnju igru, kaleidoskop neprimetnih promena; tako bismo imali jedan od onih filmova koje zovu dokumentarnim i puštaju ih pre Brižit Bardo, dok se ljudi smeštaju i gledaju u platno kao da su još uvek u autobusu ili metrou. Moj bi film imao odštampanu legendu (možda i glas u *off*-u) na kojoj bi bilo nešto ovako: »Ono što ćete videti je zalazak sunca sedmog juna 1976. godine, snimljen u X filmom M nepomičnom kamerom, neprekidno tokom Z minuta. Obaveštava se publika da se osim zalaska sunca ništa više ne događa, zbog čega joj se savetuje da se ponaša kao kod kuće i neka radi šta joj je po volji; na primer, neka gleda zalazak sunca, neka mu okrene leđa, razgovara sa drugima, šeta se, itd. Žalimo što joj ne možemo preporučiti da puši, što je uvek tako lepo u smiraj sunca, ali srednjovekovni uslovi u bioskopskim salama zahtevaju, kao što je poznato, zabranu te izvanredne navike. Nije, međutim, zabranjeno da se gucne iz pljoski koje distributer filma prodaje u foajeu.«

Sudbina moga filma ne može se proreći; ljudi idu u bioskop da zaborave na sebe, a zalazak sunca teži upravo suprotnom, to je čas kada sebe vidimo možda malo obnaženije, bar se meni to događa, i to je mučno i korisno; možda će i drugima koristiti, nikad se ne zna.

# KAKO BITI UHVAĆEN

Tek što počeh, kad tamo. Čitam prvi red teksta i sudaram se gde god se okrenem, ne mogu pristati na to da je Gago zaljubljen u Lil; u stvari, to saznadoh tek nekoliko redaka niže, ali je ovde vreme drugačije, na primer, ti koji počinješ da čitaš ovu stranicu saznaješ da ja ne pristajem i tako unapred znaš da se Gago zaljubio u Lil, ali stvari ne stoje tako: ti još nisi bio ovde (kao ni tekst) kada je Gago već bio moj ljubavnik; ni ja nisam ovde jer to za sada nije tema ovog štiva i ja nemam nikakve veze sa onim što će se desiti kada Gago ode u bioskop Libertad da vidi Bergmanov film i između dve jeftine reklame otkrije Liline noge pored svojih i baš onako kako piše Stendal počne munjevita kristalizacija (Stendal misli da je napredna, ali Gago). Drugim rečima, ne pristajem na ovaj tekst tamo gde neko piše da ja ne pristajem na ovaj tekst; osećam da me je ulovio, zlostavljao, izdao, jer uopšte ne govorim ja nego neko hoće da me iskoristi i počisti i slisti, reklo bi se da me zavitlava kao vitlo, lepo ovde piše: reklo bi se da me zavitlava kao vitlo.

I tebe zavitlava (tebe, koji počinješ da čitaš ovu stranicu, tako napred piše) i kao da je Lil malo, a ona ne samo da ne zna da je Gago moj ljubavnik nego ni to da se Gago uopšte ne razume u žene iako u bioskopu Libertad i pročaja. Kako mogu pristati na to da već na izlasku razgovaraju o Bergmanu i Liv Ulman (oboje su čitali memoare Liv Ulman i razume se, to je tema za viski i veliko estetsko-libidinozno bratimljenje, drama glumice majke koja hoće da bude majka a da ne prestane da bude glumica, sa Bergmanom za sobom, koji je najčešće prava picajzla na roditeljskom i supružničkom planu): sve to traje do osam i četvrt kada Lil kaže idem kući, mama je malo bolesna, Gago ja ću vas odvesti kola su mi parkirana na Trgu Lavalje, a Lil će na to u redu, vi ste me napili, a Gago će dopustite, Lil ma, razume se, mlaka čvrstina nage podlaktice (tako kaže, dva prideva i dve imenice, kud puklo da puklo), i ja moram prihvatiti to da oni ulaze u ford koji između ostalog ima i to svojstvo da pripada meni; Gago odveze Lil u San Isidro i troši moj benzin po ovakvoj skupoći, Lil ga predstavi svojoj kostobolnoj ali obrazovanoj majci koja zna za Frensisa Bekona, opet viski, pa mi dođe nezgodno što sad morate ponovo da prevalite onoliki put do centra, Lil, misliću na vas pa će mi put biti kratak, Gago, evo vam broj telefona, Lil, o, hvala, Gago.

Suviše dobro se vidi da se nikako ne mogu složiti sa stvarima koje hoće da izmene unutrašnju stvarnost; i dalje verujem da Gago nije išao u bioskop niti upoznao Lil, iako tekst hoće da me ubedi u suprotno a time i da me baci u očajanje. Treba li da prihvatim tekst jednastavno zato što kaže da treba da prihvatim tekst? Mogu se naprotiv prikloniti nečemu što jedan deo mene smatra podmuklom dvosmislenošću (pošto možda to i jeste; možda ipak bioskop), ali barem sledeće rečenice dovode Gaga u centar gde ostavlja auto pogrešno parkiran, kao i obično, penje se u moj stan znajući da ga čekam na kraju ovog pasusa već suviše dugačkog kao i svako čekanje na Gaga, pa pošto se okupa i obuče narandžastu kućnu haljinu koju je dobio od mene za rođendan, leže na divan gde ja čitam sa olakšanjem i ljubavlju da Gago leže na divan gde ja čitam sa olakšanjem i ljubavlju, namirisan je i zlokoban čivas rigal i svetli duvan u pola noći, njegova kovrdžava kosa kroz koju polako provlačim rukom, što će izazvati prvu sanjivu žalopojku, bez Lil i Bergmana (kako je divno čitati baš ovako, bez Lil i Bergmana), do trenutka kada ću veoma polako početi da razvezujem pojas narandžaste kućne haljine, moja ruka spustiće se niz glatika i topla Gagova prsa, klizinuću niz okruglinu njegovog trbuha tražeći prvi grč, spleteni ćemo već skrenuti ka spavaćoj sobi i zajedno pasti na krevet, potražiću njegovo grlo gde mi je tako slatko da ga grickam, a on će promrmljati samo trenutak, promrmljaće sačekaj trenutak moram da telefoniram. Lil, *off corse*, dobro sam stigao, hvala, tišina, onda se vidimo sutra u jedanaest, tišina, u pola dvanaest, u redu, tišina, naravno da ćemo na ručak, glupačice, tišina, rekoh, glupačice, tišina, zašto vi, tišina, ne znam ali kao da se već dugo poznajemo, tišina, ti si jedno srce, tišina, a ja ponovo oblačim kućnu haljinu i vraćam se u trpezariju čivas rigalu, bar mi je to ostalo, da ponovo obučem narandžastu kućnu haljinu i vratim se u trepezariju čivas rigalu dok Gago i dalje telefonira Lili, nema potrebe da se ponovo čita i proverava, baš tako kaže, vraćam se u trpezariju čivas rigalu dok Gago i dalje telefonira Lili.

# KUDA JE UPRAVLJEN POGLED

*Džonu Bartu*

U nepostojanom Ilionu, možda na toskanskim poljima potkraj gvelfa i gibelina, a zašto da ne i u danskim zemljama ili u onom delu Brabanta natopljenom mnogom krvlju: pozornica pokretna kao svetlost što lebdi nad bitkom između dva crna oblaka, ogoljuje i pokriva regimente i odstupnice, sukobe prsa u prsa sa noževima ili halebardama, bezoblika vizija data samo onome ko pristaje na bunilo i traži u obrisima dana najoštriji ugao, zgušnjavanje kroz dim i rasipanje i barjake.

Boj, dakle, uobičajeno rasipanje snage koje nadmašuje osećanja i buduće letopise. Koliko je ljudi videlo junaka u najuzvišenijem trenutku, opkoljenog grimiznim neprijateljima? Delotvorna naprava aeda ili barda: polako izabrati, pa pripovedati. Tako i onaj ko sluša ili čita: samo hoće da pojednostavi vrtoglavicu. Možda tada, kao kad neko iz mnoštva izdvoji lice koje će sažeti njegov život, izbor Šarlote Korde pred Maraovim nagim telom, jedna prsa, jedan trbuh, jedno grlo. Tako sada kroz lomače i protivnaredbe, u vrtlogu stegova u bekstvu ili ahajske pešadije usredsređene na napredovanje ka saletljivom podnožju još nepobeđenih zidina: oko-rulet čija se loptica zaustavila na brojki koja će srušiti trideset pet nada u ništavilo da bi uvećala samo jednu crvenu ili crnu sreću.

Upisan u trenutni prizor, junak kao na usporenom snimku izvlači mač iz tela koje vazduh još pridržava, gledajući ga prezrivo kako se krvavo spušta. Braneći se od onih koji ga napadaju, sa štita im u lica sune svetlost gde se drhtaj ruke prenosi na slike u bronzi. Napašće ga, to je izvesno, ali nikako ne mogu izbeći da vide ono što im pokazuje u poslednjem izazovu. Zaslepljeni (štit ih, kao sabirno ogledalo, spaljuje na lomači slika razbesnelih od odsjaja sunčevog zalaska i požara), jedva uspevaju da razluče bronzane reljefe od kratkovekih aveti boja.

U zlatastoj masi i kovač je pokušao da se predstavi za svojim poslom, kako bije u metal i uživa u koncentričnoj igri kovanja štita što diže svoj povijeni kapak da među tolikim likovima pokaže (pokazuje ga onima što umiru ili ubijaju u besmislu i protivrečju bitke) nago telo junaka na čistini usred prašume, u zagrljaju sa ženom koja provlači ruku kroz njegovu kosu kao neko ko miluje i odguruje. Tela jedno kraj drugog u zađevici koju prizor obavija lakim dahom krošnji (jedan jelen između dva drveta, ptica što lebdi nad glavama), poprečne linije kao da se sažimaju u ogledalu koje žena drži drugom rukom i u kojem njene oči, možda u želji da ne vide onoga ko ju je tako razdevičio među kupinama i paprati, očajnički traže sliku usmerenu i određenu blagim pokretom.

Klečeći pored izvora, mladić je skinuo kalpak i tamni uvojci padaju mu na ramena. Pio je vode i usne su mu vlažne, sa kapima kao oglavom od vode; kraj njega leži koplje, odmara se od dugog marša. Kao novi Narcis, mladić se ogleda u drhtavoj svetlosti pod nogama ali reklo bi se da uspeva videti samo ljubljenu uspomenu, nedostižnu sliku žene zabludelog pogleda.

Ponovo ona, njeno mlečno telo nije više isprepleteno sa onim ko je otvara i prodire u nju, nego ljupko izloženo svetlosti velikog prozora na sabornoj crkvi sumraka, okrenuto skoro postrance prema slici na štafelaju koju sunce miluje poslednjom bojom narandže i jantara. Reklo bi se da njene oči uspevaju da vide samo prvi plan te slike na kojoj je umetnik naslikao sebe, tajanstvenog i odsutnog. Ni on ni ona ne gledaju ka pozadini pejzaža gde se kraj izvora naziru opružena tela, junak poginuo u boju pod štitom koji njegova ruka steže u poslednjem izazovu, i mladić koga jedna strela u prostoru kao da pokazuje u beskrajnom udvajanju perspektive koja se u daljini završava klupkom od tela u povlačenju i slomljenih barjaka.

Na štitu više nema odsjaja sunca; njegova ugašena ploča, za koju se ne bi reklo da je od bronze, sadrži sliku kovača koji završava opis boja, kao da je potpisuje u najistaknutijoj tački likom junaka opkoljenog protivnicima koji provlači mač kroz prsa najbližeg i u odbrani podiže okrvavljeni štit na kojem se malo šta može videti kroz vatru, bes i kovitlac, osim ako taj nagi lik nije lik žene, ako njeno telo nije ono koje se predaje bez opiranja blagom milovanju mladića koji je spustio koplje kraj izvora.

## III

*»No, no. No crime,«* said Sherlock Holms, laughing. *»Only one of those whimsical litlle incidents which happen when you have four million human beings all jostling each other within the space of a few square miles.«*

Sir Arthur Conan Doyle,
*The Blue Carbuncle.*\*

---

\* »Ne, ne. Nije to zločin«, reče Šerlok Holms, kroz smeh. »To je samo jedna od onih slučajnih nezgoda koje se dešavaju kada se četiri miliona ljudskih bića sudara na prostoru od nekoliko kvadratnih milja.«

Ser Artur Konan Dojl,
*Plavi almadin*

# LUKA, POGREŠNA MU PEVANJA

Kao dete sam ga slušao sa pucketave ploče čiji izmučeni bakelit više nije mogao da podnosi težinu pik-apa sa dijafragmom od liskuna i jezivom čeličnom iglom, glas Ser Harija Laudera dopirao je kao iz velike daljine a tako je i bilo, ušao je u ploču iz škotske magle a sada iz ploče izlazi sred zaslepljujućeg leta argentinske pampe. Pesma je bila melanholična i rutinska, majka se oprašta od sina koji odlazi nekud daleko a Ser Hari nije bio baš tako osećajna majka premda je njegov metalizirani glas (skoro svi su postajali takvi pošto prođu kroz postupak snimanja), međutim, cedio iz sebe melanhonliju koju je dečak Luka još onda počeo previše često posećuje.

Dvadeset godina kasnije radio mu donese komadić pesme iz glasa velike Etel Voters. Gruba, neodoljiva ruka prošlosti izgura ga na ulicu, uvuče u Kuću Iriberi, pa je te noći slušao ploču i čini mi se da je plakao zbog mnogo stvari, sam u svojoj sobi i pijan od samosažaljenja i katamarkanske lozovače koja je opštepoznata kao lakrimogena materija. Plakao je ne brinući preterano zbog čega plače, kakav je to mračni zov iz balade koja sada, sada zaista, sasvim dobija smisao, snobovsku lepotu. U onom istom glasu koji je na juriš osvojio Buenos Ajres svojom verzijom *Stormy Weather*, stara se pesma vraćala jednom mogućem južnjačkom izvoru, spasena od mjuzikholske trivijalnosti s kakvom ju je pevao Ser Hari. Najzad, ko će znati da li je ta balada iz Škotske ili sa Misisipija, sada je u svakom slučaju od prve reči bila puna crnačkog duha:

*So you're going to leave the old home, Jim,*

*Today you're going away,
You're going among the city folks to dwel.*

Etel Voters se opraštala od sina predosećajući nesreću od koje ga može spasti samo povratak *a la* Per Gint, polomljenih krila i povređenog ponosa. Proročanstvo se potrudilo da se sakrije iza nekoliko *if* koja nisu ni u kakvoj vezi sa onim Kiplingovim, *if* savršeno uverena u ispunjenje:

*If sickness overtakes you,
If' n old companion shakes you,
And through this world you wander all alone,
If friends you've got not any,
In your pockets not a penny -*

*If* sve to, Džimu uvek ostaju poslednja vrata:

*There's a mother always waiting,
For you at home, old sweet home.*

Razume se, doktor Frojde, uvek pauci i sve ostalo. Al muzika je ničija zemlja gde je malo važno što je Turandot frigidna ili Zigfrid čist arijevac, kompleksi i mitovi rastvaraju se u melodiji i šta onda, samo je važan glas što mrmlja plemenske reči, stalno vraćanje onome što jesmo, onome što ćemo biti:

*And if you get in trouble, Jim,
Just write and let me know.*

Tako prosto, tako lepo, toliko etelvoterski. *Just write*, naravno. Koje ime, koju adresu treba staviti na koverat, Džime.

# LUKA, NJEGOVA USTEZANJA

U današnjim stanovima se zna, gost ode u kupatilo a ostali nastave razgovor o Bijafri i o Mišelu Fukou, ali u vazduhu lebdi nešto nalik na želju svih da zaborave na svoja čula sluha, dok se uši istovremeno upravljaju ka svetom mestu, koje se prirodno u našem stešnjenom društvu nalazi na svega tri metra od mesta gde se odvijaju dotični razgovori na visokom nivou, i izvesno je da će uprkos naporima odsutnog gosta da ne obelodani svoje aktivnosti i naporima okupljenih da povećaju glasnoću razgovora, u jednom trenutku šiknuti neki od onih muklih zvukova koji se mogu začuti pod najnepogodnijim okolnostima, ili se u najboljem slučaju oglasi samo patetično grebuckanje toaletnog papira obične kakvoće kada se odcepi list sa ružičaste ili zelene rolne.

Ako je gost koji se uputio u kupatilo Luka, njegov se užas može uporediti samo sa žestitnom grča koji ga je naterao da se zatvori u kobno utvrđenje. U tom užasu nema neuroze ni kompleksa, postoji samo izvesnost trenutnog utrobnog stanja, što će reći, sve počinje u najboljem redu, polako i tiho, ali pri kraju dostiže odnos jednak odnosu baruta prema sačmi u metku za lovačku pušku, tako da pristojno zastrašujuća eksplozija zatrese četkice za zube u njihovim držačima i zatalasa plastičnu zavesu na kadi.

Luka nije kadar da učini išta kako bi to izbegao; isprobao je sve metode, kao što je naginjanje dok glavom ne dodirne pod, zabacivanje do tačke kada se stopalima okrzne zid preko puta, zauzimanje položaja postrance, pa čak i vrhunski postupak, koji se sastoji u tome da se guzovi ščepaju i razdvoje što više kako bi se povećao prečnik bučnog ispusta. Zalud umnožavanje prigušivača kao što su svi pešikiri na dohvatu, pa čak i frotirski ogrtači domaćina, prebačeni preko butina; pratktično uvek, na kraju onoga što je moglo biti prijatna razmena materije, završni prdež izbija burno.

Kad neko drugi ide u kupatilo, Luka strepi zbog njega jer je uveren da će svakoga časa odjeknuti prva salva bruke i sramote; čudi ga malo što ljudi kao da ne brinu preterano zbog takvih stvari, premda je očigledno da ipak dbraćaju pažnju na ono što se dešava pa to čak i prikrivaju lupkanjem kašičicama o tacne i sasvim bezrazložnim povlačenjem fotelja. Kada se ništa ne dogodi, Luka je srećan i odmah zatraži još jedan konjak, tako da se na kraju izda i ceo svet shvati da je bio napet i uznemiren dok je gospođa Brođi svršavala nužni posao. Koliko je to različito, misli Luka, od jednostavnosti dece koja i na najotmenijoj sedeljci jednostavno priđu i izjave: Mama, hoću da kakim. Kako je srećan, misli dalje Luka, neznani pesnik koji je sastavio onaj katren gde se kaže lepo je i sjajno / kakiti lagano / nema većeg olakšanja / od dobroga sranja. Da bi se uzdigao na tu visinu, dotični je gospodin morao biti izvan opasnosti od bilo kakvog neblagovremenog i nemilozvučnog nadimanja, osim ako u njegovoj kući kupatilo nije na spratu, ili možda neka prostorijica sa cinkanom pločicom na popriličnom odstojanju od kuće, na selu.

Kad je već zašao u oblast poezije, Luka se prisetio i Danteovog stiha u kome osuđenici na pakao *avevan dal cul fatto trombetta*, pa taj duhovni izlet u najvišu kulturnu sferu, smatra on, izvinjava njegova razmišljanja koja imaju vrlo malo veze sa onim što doktor Bernštajn govori povodom zakona o stanarinama.

## LUKA, NJEGOVA PROUČAVANJA POTROŠAČKOG DRUŠTVA

Pošto napredak ne-poznaje-granice, u Španiji se prodaju pakla sa trideset i dve kutije palidrvaca (čitati šibica) a na svakoj od njih je po jedna sličica šahovskih figura. Munjevitom brzinom, jedan lukavi gospodin izbacio je na tržište šah čije trideset dve figure mogu služiti i kao šoljice za kafu; skoro odmah zatim Pazar dva sveta proizveo je šoljice za kafu koje povodljivijim gospođama nude veliki izbor dovoljno čvrstih prslučića, posle čega je Iv Sen Loran oblikovao prsluče u kome se mogu poslužiti dva poširana jajeta na izuzetno sugestivan način.

Steta što do sada niko nije pronašao neku drugačiju primenu poširanih jaja, to obeshrabruje one koji ih jedu uz duboke uzdahe; svakoj sreći dođe kraj, a danas je teško sastaviti kraj s krajem, uzgred budi rečeno.

# LUKA, NJEGOVI PRIJATELJI

Trpeza je velika i bogata, ali bog te pita zašto mu sada padaju na pamet baš Sendronovi, a razmišljati o Sendronovima znači toliko mnogo stvari da ne zna odakle da počne. Jedina je Lukina prednost što ne poznaje sve Sendronove, nego samo troje, mada ko će ga znati da li je to stvarno prednost. Shvatio je da braća čine skroman zbir od šest ili devet, u svakom slučaju, on zna da tri loša ubiše Miloša.

Ta tri Sendrona sastoje se od muzičara Tate (koji se u krštenici zove Huan, a uzgred, kako je glupo što se ti dokumenti sada zovu *izvod* iz matične knjige rođenih kad bi trebalo da budu *uvod*), Horhea koji se bavi filmom i Alberta koji je slikar. Govoriti o svakom ponaosob već je ozbiljna stvar, ali kad reše da se sastave i pozovu te na empanade, onda su prava kuga u tri toma.

Šta da ti pričam, kad dođeš, sa ulice se čuje nekakav urnebes na jednom od gornjih spratova, i ako se sretneš sa kojim od pariskih suseda vidiš im na licima mrtvačko bledilo ljudi koji prisustvuju pojavi što prevazilazi sva merila tog uštogljenog i umrtvljenog sveta. Nema nikakve potrebe proveravati na kom su spratu Sendronovi jer te buka vodi stepeništem do vrata koja liče na vrata manje nego ostala a pri tom ostavljaju utisak da su zagrejana do crvenog usijanja onime što se iza njih dešava, tako da nije zgodno suviše kucati jer će ti se inače ugljenisati zglobovi na prstima. Jasno da su vrata uglavnom samo pritvorena pošto Sendronovi neprestano špartaju tamo-amo, a osim toga zašto bi se vrata zatvarala kad prave tako dobru promaju.

Ono što se dešava kad čovek uđe čini nemogućim svaki pokušaj celovitog opisa, jer tek što prekoračiš prag neka klinka te ščepa za kolena i izbalavi ti mantil, a istovremeno ti jedan balavac koji se bio popeo na policu s knjigama u predsoblju skače za vrat kao kamikaza, pa ako ti je kojim slučajem pala na pamet nesrećna misao da doneseš flašu crnog, trenutni ishod je dobro uočijiva mrlja na tepihu. To prirodno nikog ne uznemirava, istoga trena iz različitih soba se pojavljuju žene Sendronovih, i dok te jedna od njih oslobađa dece druge dve brišu prosuti burgundac krpama koje verovatno potiču iz vremena krstaških ratova. Uza sve to Horhe ti je do pojedinosti ispričao roman koji će preneti na veliki ekran, Alberto zadržava druga dva klinca naoružana lukovima i strelama i, što je najgore, obdarena jedinstvenim sposobnostima pogađanja mete, a Tata stiže iz kuhinje sa pregačom koja je prošla pored bele boje kad su je napravili i veličanstveno ga obavija od kukova naniže, zbog čega iznenađujuće liči na Marka Antonija ili bilo koga od onih tipova što životare u Luvru ili rade kao kipovi po parkovima. Važnu vest istovremeno objavljuje desetina ili dvanaestina glasova: ima empanada u čijoj su izradi učestvovali Tatina žena i Tata *himself*, ali je recept značajno poboljšao Alberto, koji smatra da je pustiti Tatu i njegovu ženu same u kuhinju ravno katastrofi. Što se tiče Horhea, koji s razlogom neće da zaostane u onome što sledi, on je već pripremio obilate količine vina i svi, kada se završi gungula oko dočeka, sedaju na krevet, na pod ili gde god ne kenjka ili ne piški neko dete, što mu dođe na isto gledano iz različitih ravni.

Noć sa Sendronovima i njihovim samopregornim ženama (stavljam ovo samopregorne jer da sam ja žena, i pri tom žena jednog od Sendronovih, već odavno bi nož za hleb hotimično prekratio moje muke; ali one ne samo što se ne sekiraju, nego su i gore od Sendronovih, što me uveseljava jer je dobro da im neko s vremena na vreme obori durbin, a one to, čini mi se, rade sve vreme), noć sa Sendronovima je nešto kao kratak pregled južnoamerikanstva kojim se objašnjava zabezeknuto divljenje s kojim Evropljani slušaju njihovi muziku, gledaju njihove slike ili filmove ili pozorište. Baš razmišljam u tome pa se setih nečega što su mi pričali Kilapajunovi, koji su isto tako sumanute hronopije kao Sendronovi samo što su svi muzičari, ne zna čovek da l' je to bolje ili gore. Tokom jedne turneje po Nemačkoj (Istočnoj, ali mislim da je to u ovom slučaju svejedno), Kile su odlučile da okrenu ražanj na čileanski način, ali su na opšte iznenađenje otkrili da se u toj zemlji ne može na izlet u šumu bez dozvole vlasti. Nije bilo teško izvaditi dozvolu, mora se priznati, a u policiji su to tako ozbiljno shvatili da su se u trenutku paljenja vatre i stavljanja odgovarajućih životinja na odgovarajuće ražnjeve pojavila vatrogasna kola, a vatrogasci zauzeli položaje po okolnoj šumi i proveli pet časova pazeći da se vatra me proširi po divotnim vagnerovskim jelama, borovima i drugoj vegetaciji kojom obiluju tevtonske šume. Ako me pamćenje dobro služi, nekolicina gorepomenutih vatrogasaca se oždrala kako i priliči tako dičnoj bratiji, i toga je dana došlo do bratimljenja na kakvo se retko nailazi između uniformisanih lica i civila. Tačno je da je vatrogasna uniforma najmanje kurvinska od svih uniformi, i da će se onoga dana kada uz pomoć miliona Sendrona i Kilapajuna budemo bacili na đubrište istorije sve južnoameričke uniforme spasti samo vatrogasne pa ćemo im čak izmisliti najupadljivije krojeve i dezene da se dečaci raduju kad ovi gase požare ili spasavaju sirote uvređene devojke koje su odlučile da se bace u reku u nedostatku boljeg izbora.

Pri svemu tome empanade nestaju brzinom dostojnom ljudi koji se pogleduju s divljačkim besom pošto je ovaj maznuo sedam a onaj drugi samo pet komada kad unošenje i iznošenje poslužavnika sa hranom već prestaje a neki nesrećnik predlaže kafu, kao da mi je to pa hrana. Najmanje zanimanja uvek pokazuju klinci, čije će brojno stanje za Luku ostati zagonetka, jer čim se jedno izgubi iza nekog kreveta ili u hodniku, drugo dvoje izlete iz ormara ili skliznu niz deblo gumenog drveta i sednu pravo u tanjir sa empanadama. Taj se podmladak pretvara da prezire ovaj plemeniti argentinski proizvod pod izgovorom da su ih majke predostrožno nahranile pola sata ranije, ali sudeći po tome kako bureci nestaju treba da nam je jasno kako su one veoma važan činilac dečjeg metabolizma, i da je Irod te noći bio prisutan drugu bismo mi pesmu pevali pa bi Luka umesto dvanaest parčića pojeo sedamnaest, jašta, uz neophodne predahe kada bi u burag sručio par litara vina koje kao što je poznato pomaže varenju proteina.

Povrh, ispred i između empanada širi se žamor izjava, pitanja, gunđanja, kikota i opštih dokazivanja veselja i ljubavi, stvara se atmosfera pred kojom bi i ratničko većanje Teuelći ili Mapuća izgledalo kao bdenje nad profesorom prava u Aveniji Kintana. S vremema na vreme se čuju udarci o plafon, o pod i dva pregradna zida, na šta Tata (nosilac stanarskog prava) najčešćee obaveštava kako su to samo susedi, pa zato uopšte ne treba obraćati pažnju. To što je već jedan po ponoći ne predstavlja nikakvu otežavajuću okolnost, ni najmanje, kao ni to što u pola tri nas četvorica silazimo niza stepenište pevajući *que te abras en las paradas / con cafishos miliongueros*. Već smo imali dovoljno vremana da rešimo i najveće svetske probleme, dogovorili smo se da sredimo koga treba i kako treba; imenici su se napunili telefonskim brojevima i adresama i dogovorenim sastancima u kafani i na drugim mestima, a sutradan će se Sendroni razići, jer Alberto se vraća u Rim, Tata sa svojim kvartetom ide da peva u Poatjeu, a Horhe se seli đavo će ga znati kuda sa svetlomerom u ruci, pa čik ga nađi, ako možeš. Nije zgoreg napomenuti da se Luka vraća kući sa osećajem da na ramenima nosi tikvu punu zunzara, boing 707 i nekoliko istovremenih solo-partija bubnjara Maksa Roša. Ali šta mari bubnjanje u ušima kad je unutra nešto toplo, i to mora biti da su empanade, a između ima nešto još toplije, to je srce koje ponavlja kakvi zajebanti, sve go zajebant, na svetu nema takvih zajebanata, majku im njihovu.

# LUKA, NJEGOVE ČISTKE 1940.

Luka u salonu za čišćenje obuće na Majskom trgu, stavite mi crni imalin na levu, a žuti na desnu. Šta? Ovde crni, a ovde žuti. Ali, gospodine?! Ovde da staviš crni, burazeru, i dosta više, moram da se skoncentrišem na konjske trke.

Nikad nije lako s tim stvarima, izgleda sitnica, ali je skoro isti takav prevrat kao Kopernikov ili Galilejev, spada u red potresa pri dnu smokvinog stabla zbog kojih se ceo svet zgleda belo. Ovoga puta, na primer, došao je red na nekog tipa koji u dnu salona kaže onom pored sebe kako pederi više ne znaju šta će da izmisle, bre, onda se Luka trgne i prestane da proučava mogućnost fiksirane četvorke (džokej Paladino) i tako reći slatkim glasom se posavetuje sa čistačem cipela: Šta misliš da l' da mu prilepim šut u dupe crnom ili žutom?

Čistač ne zna kojoj cipeli da se prikloni, upravo je završio sa crnom pa je neodlučan, stvarno ne može da se odluči da počne sa drugom. Žutom, misli Luka naglas, pa to odmah postaje naređenje, bolje žutom, dinamična je boja, i prodorna, a ti šta čekaš. Da gospodine, odmah. Onaj iz dna salona se pridigao u nameri da priđe i ispita to sa šutom u dupe, ali poslanik Polijati koji nije džabe predsednik kluba *Unione e benevolenza*, dopušta da dođe do izražaja njegova vatrena rečitost, gospodo nemojte da dižete pritisak dosta nam je i ovoliko milibara, neverovatno koiliko se čovek znoji u ovom gradu, stvar je beznačajna a o ukusima se ne raspravlja, osim toga imajte ma umu da je policijska stanica preko puta i da su plavci ove nedelje još uvek hipersterični od poslednjih studentskih, ili omladinskih, kako kažemo mi koji smo već preturili preko glave buru prvog perioda egzistencije. Tako je, doktore, odobrava jedan od poslanikovih čankolizaca, ovde nije dozvoljeno fizičko obračunavanje. On me uvredio, kaže onaj iz dna salona, ja sam mislio na kretene uopšte. Još gore, kaže Luka, u svakom slučaju, biću na ćošku sledećih četvrt sata. Divota, kaže onaj iz dna salona, baš ispred stanice. Dabome, kaže Luka, da ne misliš možda da nisam samo kreten nego i budala. Gospodo, izjavljuje poslanik Polijati, ova epizoda već pripada istoriji, nema mesta nikakvoj tučnjavi, molim vas nemojte me prisiljavati da se poslužim svojim pravima i drugim sredstvima. Tako je, doktore, kaže čankoliz.

Uto Luka izađe na ulicu sa cipelama koje blistaju desna kao suncokret, a leva kao Oskar Piterson. Niko ne izlazi za njim u narednih četvrt sata, što kod njega izaziva nezanemarljivo olakšanje koje odmah proslavlja uz svetlo pivo i cigaretu od crnog duvana, tek koliko da održi hromatsku simetriju.

# LUKA, NJEGOVI ROĐENDANSKI POKLONI

Bilo bi previše jednostavno kupiti tortu u poslastičarnici »Kod dva Kineza«; i Gledis bi primetila, uprkos tome što je malo kratkovida, pa Luka smatra da je vredno truda provesti pola dana u ličnom pripremanju poklona čiji primalac zaslužuje i mnogo više, ali to svakako. Od ranog jutra obilazi radnje i kupuje pšenično brašno i šećer od trske, zatim pažljivo čita recept za tortu Pet zvezdica, koja je jedan od vrhunskih specijaliteta gospa Gertrude, majke dobre trpeze, pa se kuhinja u njegovom stanu očas pretvara u nešto nalik na laboratoriju doktora Kaligarija. Prijatelji koji navraćaju da prodiskutuju o prognozama konjskih trka odlaze čim osete prve znake gušenja, jer Luka prosejava, presipa, prosipa i rasipa različite ukusne sastojke sa takvom strašću da vazduh nije previše upotrebljiv u uobičajene svrhe.

Luka ima iskustva na tom polju a pri tom je torta za Gledis, što znači nekoliko slojeva lisnatog testa (nije lako napraviti dobro lisnato testo) između kojih se raspoređuju izvrsno ušećereno voće, listići venecuelanskog badema, strugani kokos, ali ne samo nastrugan nego i samleven do najsitnijih čestica mlinskim kamenom od obsidijana; tome se dodaje spoljašnje ukrašavanje, uobličeno u paleti Raula Soldija ali sa šarama prilično nadahnutim Džeksonom Polokom, osim onog sa većom strogošću poteza udešenog dela sa natpisom *samo za tebe*, čiji je skoro dirljivi reljef napravljen od ušećerenih višanja i mandarina što ih Luka slaže u baskervilu četrnaestica, čime posveti daje gotovo uzvišenu notu.

Ako bi nosio tortu Pet zvezdica na poslužavniku ili tanjiru, to bi bio neukus dostojan banketa u Džokej-klubu, tako da je polaže na podlogu od belog kartona čija veličina jedva da prelazi površinu torte. Za svečanost oblači odelo na prugice i stupa u predsoblje puno zvanica noseći karton sa tortom u desnoj ruci, što je samo po sebi podvig vredan pažnje, dok levom ljubazno razmiče zadivljene rođake i nekolicinu bezveznjaka koji se smesta zaklinju da će pre junački poginuti nego se odreći zadovoljstva da probaju tako veličanstven poklon. Iz tog razloga se za Lukinim leđima odmah stvara počasna pratnja u kojoj obiluju uzvici, aplauzi i krčanje creva uz prigodno naviranje vode na usta, i kada svi zajedno uđu u trpezariju, ne razlikuju se mnogo od neke provincijske verzije *Aide*. Shvatajući ozbiljnost trenutka, Gledisini roditelji sklapaju ruke na grudima praveći prilično poznate ali uvek dobrodošle pokrete, slavljenica napušta iznenada neki beznačajan razgovor da bi širom otvorenih usta i zagledana u tavanicu stala u prvi red. Srećan, prezadovoljan, uz osećaj da su toliki časovi truda ovenčani nečim što se bliži apoteozi, Luka se izlaže opasnosti da učini završni potez na svom Veledelu: njegova se ruka diže zarad prikazivanja torte, opasno je nagne pred čežnjivim publikumom, pa je zalepi Gledis posred lica. Sve to traje jedva nešto više nego što Luki treba da raspozna teksturu ivičnjaka na ulici, a sa svih strana pljušte udarci da pukneš od smeha.

## LUKA, NJEGOVI METODI RADA

Kako ponekad ne može da spava, umesto da broji jaganjce, on onako napamet odgovara na zaostala pisma, pošto njegova griža savesti pati od nesanice koliko i on sam. Odgovara na jedno po jedno, na kurtoazna, strasna, intelektualna pisma, zatvorenih očiju postiže velika stilska dostignuća i izvanredan način izlaganja, uživajući u njegovoj prirodnosti i delotvornosti, što dakako produžava nesanicu. Kad zaspi, čitava je prepiska već okončana.

Izjutra je, dabome, izmožden, a što je još gore, mora da sedne i napiše sva ona pisma smišljena tokom noći, pa mu ona izgledaju mnogo lošije, hladna ili nespretna ili budalasta, zbog čega ni te noći neće moći da zaspi, usled preteranog zamora, na stranu to što je u međuvremenu dobio nova kurtoazna, strasna ili umna pisma, pa će Luka umesto da broji jaganjce početi i na njih da odgovara tako savršeno i tako besprekorno da bi ga gospođa de Sevinje mrzela do najmanje pojedinosti.

# LUKA, NJEGOVE HIPNOFOBIJE

U svemu što se tiče sna, Luka je veoma obazriv. Kada doktor Feta izjavi da za njega nema ničeg boljeg od dremanja, Luka vaspitano klima glavom, a kada se klinka njegovog srca smota kao guseničica i kaže mu da ne bude zao i da je pusti da još malo spava umesto što ponovo počinje sa časom iz intimne geografije, on uzdiše pomiren sa sudbinom i pokriva je pošto je prethodno šljapne tamo gde mala najviše voli.

Dešava se da Luka podozrivo gleda na takozvani okrepljujući san pošto on baš ne okrepljuje bogzna koliko. Najčešće je pre odlaska u krevet u odličnoj formi, ništa ga ne boli, diše kao puma, i da nije pospan (u tome je zvrčka) cele bi bogovetne noći slušao ploče ili čitao pesme, a to su dve velike noćne stvari. Na kraju se spakuje u krevet, šta da radi kad su mu oči kao sarme, pa u jednom cugu odspava do pola devet, do trenutka tajanstveno predodređenog za buđenje.

Kad pribere prve misli koje se s teškom mukom probijaju kroz zevanje i brundanje, Luka obično otkrije kako je nešto počelo da ga boli ili svrbi, ponekad dobije napad kijanja ili kašljavice ili gušenja kao od bombe sa suzavcem. U najboljem slučaju je premoren i pomisao na pranje zuba zadaje mu više muke nego teza o Amadu Nervu. Polako je shvatio da je san nešto što jezivo zamara i onoga dana kada mu je neki učeni čovek rekao da u organizmu mnogi odbrambeni mehanizmi zakazuju na Morfejevom oltaru, naš je Luka riknuo od radosti, pošto je biologija kočila njegovu kenestezu, da izvinite na izrazu.

Bar je u tome Luka ozbiljan. Plaši se da spava zato što ga je strah onoga što će zateći kad se probudi, pa kad god legne ima osećaj da je na peronu i oprašta se od samog sebe. Novi jutarnji susret odbojan je kao skoro svi ponovni susreti: Luka 1 otkriva da Luka 2 teško diše, kad istresa nos oseća užasan bol a ogledalo mu otkriva noćni prodor neke jezive izrasline. Budite uvereni: sinoć se tako dobro osećao a sad se njegovo disanje, iskoristivši to osmočasovno odricanje, krunisalo brektanjem od koga vidi sunce žarko *e l'altre stelle* pošto svaki čas mora da pročišćava nos *because* jutarnje kijavice, nemaš pojma kako to boli.

Angina, grip, besomučne glavobolje, zatvor, proliv, ekcemi, stižu sa prvim petlima, a tada je već kasno da ih čovek zauzdava, još jednom je sam postao njihov tvorac i saučesnik, sad počinje dan iliti aspirini, bizmut i antihistamini. Prosto dođe čoveku da ponovo ode na spavanje a već mnogi pesnici su kazali da u snu čeka zaborav, ali Luka zna da je Hipnos Tanatosov brat pa onda skuva kafu crnu kao zift i isprži par jaja orošena kijanjem i psovanjem, misleći na to kako je jedan drugi pesnik rekao da je život lukac koji se ljušti kroz suze.

## LUKA, NJEGOVE PRISTRASNE RASPRAVE

Skoro da uvek počinje isto, zavidna politička saglasnost po mnogim pitanjima i veliko uzajamno poverenje, ali u jednom trenutku će se neknjiževni zagovornici ljubazno obratiti književnim zagovornicima i po arhienti put im postaviti pitanje poruke, sadržaja razumljivog najvećem broju čitalaca (ili slušalaca, ili gledalaca, ali pre svega čitalaca, o, da).
Luka se u8 takvim prilikama trudi da drži jezik za zubima, pošto njegove knjižice nedvosmisleno govore umesto njega, ali ako ga neki put manje ili više bratski spopadnu, a poznato je, ko će kome ako neće svoj svome, Luka napravi izraz kao da je popio ricinus i napregne se da kaže nešto kao ovo što sledi, evo ovako:

– Drugovi, to pitanje nikad neće postaviti
pisci koji shvataju i žive svoj zadatak
kao figure na pramcu, prednjačeći
u plovidbi i izlažući se
potpuno vetru soli i peni. Tačka.
A neće ga postaviti
                pesnik
jer biti            romansijer
                pripovedač
odnosno basnoslovac, maštotvorac, bulaznitelj,
mitopejičar, prorok, ili, nazovimo ga iks,
hoće da kaže, prvo prvcijato,
da je jezik sredstvo, kao i uvek,
ali je to sredstvo više nego po sredi,
on u najmanju ruku zalazi u treću četvrt.
Da skratimo priču od dva toma plus apendiks,

to što vi tražite
                pesnika
od pisca        pripovedača
                romansijera
jeste da se odrekne mesta u prethodnici
i da se smesti *hic et nunc* (prevedi, Lopese!)
kako njegove poruke ne bi nadišle
semantičke, sintaksičke,
kognitivne, parametarske sfere
okolnih ljudi. Hmhm.
Drugim rečima, da se uzdrži
od istraživanja s onu stranu istraženog,
ili da istražuje objašnjavajući istraženo
kako bi se svako istraživanje uključilo
u istraživanja koja su već završena.
Da vam kažem sad u poverenju
kamo sreće da čovek može
da zastane makar i tobože
da ne žuri ka svome stremljenju. (Ovo mi je ispalo kao
puslica)
Ali postoje zakoni u nauci koji poriču
mogućnost tako protivrečnog napora,
i postoji još nešto, jednostavno i ozbiljno:
nepoznate su granice mašte osim
ako ih ne shvatimo kao granice reči;
jezik i maštovitost su bratski neprijatelji
i iz te borbe nastaje književnost,
dijalektički sukob muze i pisara,
neizrecivo u potrazi za svojom rečju,
reč koja odbija da kaže,
sve dok joj ne zavrnemo šiju
pa se pisar i muza pomire
u onom čudnovatom trenutku koji ćemo kasnije
nazvati Valjeho ili Majakovski.

    Sledi više nego zagrobna tišina.
    – Recimo – kaže neko, – ali pred istorijskom konjuk-
turom pisac i umetnik koji se nisu zakopali u svoje kule

od slonovače dužni su, dobro me slušaj, dužni da upute svoju poruku u ravni najveće prihvatljivosti. Pljesak.

— Uvek sam smatrao — skromno primećuje Luka — da su pisci o kojima govorim velika većina, zato me iznenađuje ta upornost da velika većina bude preobražena u jednoglasnost. Majkoviću, od čega li se vi toliko plašite? I kome, ako ne zlovoljnicima i nepoverljivcima, mogu smetati recimo ekstremna, pa utoliko i teška iskustva (teška *najpre* za pisca, a tek potom za publiku, to treba podvući), kad je očigledno da samo nekolicina izlazi s njima na kraj? Nije valjda na izvesnim nivoima, sve ono što na prvi pogled nije jasno, krivo za nerazrumljivost? Da ne postoji neka tajna i ponekad zlosretna potreba da se lestvica vrednosti ujednači da bi se mogla podignuti glava iznad talasa? Bože mili, koliko pitanja.

— Postoji samo jedan odgovor — kaže neko od sagovonika — a to je ovaj: jasnoću je često teško postići, zbog čega nejasnoća teži da postane strategija za prikrivanje teško dostižne jednostavnosti. (Zakasnele ovacije.)

— I proći će još godine i godine — cvili Luka
a uvek ćemo se vraćati na istu tačku,
jer ovo je pitanje
puno zamki. (Slabašno odobravanje.)
Jer niko neće moći, osim ponekad pesnik,
da izađe na bojno polje belog papira
gde su sve igre pune tajni,
i nepoznatih pravila, ako su to pravila,
čudnih veza između ritma i značenja,
poslednjih Tula usred strofe ili priče.
Nikada nećemo moći da se odbranimo
jer ne znamo ništa o toj nejasnoj nauci,
o tom sudbonosnom putu koji nas vodi
da plivamo ispod stvari, da se pentramo uz
neki prilog
koji nam pokazuje smer, sto novih ostrva,
kao gusari remingtonke ili pera
u zasedi vrebamo reči ili proste rečenice

ili nas po licu šiba vetar
imenice koja sadrži orla.

— Ili, da pojednostavimo stvar — zaključuje Luka kome je svega dosta isto koliko i njegovim drugovima — predlažem, recimo, pakt.
— Ništa od cenkanja — riče onaj večiti u ovakvim slučajevima.
— Jednostavno, pakt. Za vas se *primum vivere deinde philosophare* u suštini izvrće u jedno istorijsko *vivere*, što je zaista dobro i možda je to jedini način da se pripremi teren za filozofiju i prozu i poeziju budućnosti. Ali ja hoću da otklonim razilaženje koje nas muči, pa se zato pakt sastoji u tome da vi i mi istovremeno odustanemo od naročito ekstremnih dostignuća kako bi veza sa bližnjima dostigla najveći obim. Ako mi odustanemo od verbalne tvorevine u njenoj najvrtoglavijoj i najneuhvatljivijoj ravni, vi treba da se odreknete nauke i tehnologije u njihovim isto tako vrtoglavim i neuhvatljivim oblicima, na primer kompjutera i mlaznih aviona. Ako nam zabranjujete poetski napredak, zašto biste vi tako trbušasti uživeli u naučnom napretku?
— Potpuno je skrenuo — kaže jedan sa naočarima.
— Naravno — dopušta Luka — ali samo da znate koliko se zabavljam. Hajde, pristanite. Mi ćemo pisati jednostavnije (to se samo tako kaže, jer u stvari nećemo moći), a vi ukinite televiziju (ni vi ovo nećete moći). Mi ćemo da pređemo na neposrednu razumljivost, a vi batalite automobile i traktore, pa motiku u šake i sadite krompir. Shvatate li šta bi značio taj dvostruki povratak jednostavnosti, onome što ceo svet razume, povezivanju sa prirodom bez posrednika?
— Predlažem hitno ukrozprozoravanje na osnovu prethodno postignute saglasnosti — kaže jedan od drugova koji se opredelio za valjanje od smeha.
— Glasam protiv — kaže Luka dok sipa pivo koje uvek stiže na vreme u takvim slučajevima.

# LUKA, NJEGOVI URAGANI

*Za Karol, koja je na havanskom pristaništu naslutila da severni vetar nije baš sasvim nevin.*

Pre neki dan osnovao sam fabriku uragana na obali Floride, koja je pogodna iz mnogih razloga, pa sam odmah pustio u pogon turbinantne helikoide, projektonalete sa komprimiranim neutronima i uolujivače sa želatinskom suspenzijom, sve u isto vreme da predstavim sebi celinu performansa.

Preko radija i televizije sam bez po muke mogao da pratim razorno dejstvo svog uragama (to izričito potvrđujem pošto se uvek nađe neki uragan za koji se može reći da je spontan), pa čik sad da te vidim kad se moj uragan zaleti na Karibe sa dvesta na sat, samelje desetinu ostrvaca i sve palme na Jamajci, pa neobjašnjivo skrene na istok i izgubi se u pravcu Trinidada uništivši usput instrumente mnogih *steel-bands* koje su učestvovale na nekom adventističkom festivalu, uz ostalu štetu čiji me podroban opis zadivljuje pošto ja volim uragane same po sebi, ali ne i cenu kojom ih treba platiti da bi bili istinski uragani i visoko se kotirali na *rankingu* koji overava *British Weather Board*.

Uza sve to pojavljuje se gospođa de Cinamomo da me nagrdi na pasja kola jer je slušala vesti a tamo se u terminima najnižeg radijskog sentimentalizma govorilo o razaranju, pustošenju, ljudima bez krova nad glavom, kravama izbačenim na vrh kokosove palme i ostalim propratnim pojavama koje uopšte nemaju težinu naučnih dokaza. Upozorio sam gospođu de Cinamomo da je, srazmerno, ona mnogo štetnija i razornija po svog muža i kćerke nego ja sa svojim bezličnim i objektivnim uraganom, na šta mi je ona odgovorila nazivajući me Atilom, patronimom koji mi se uopšte nije dopao, đavo će ga znati zašto, kad u stvari zvuči prilično dobro. Atila, Atilica, Atilence, Atilander, Atilina, Atiletina, pazi kakve zgodne inačice.

Razume se da nisam osvetoljubiv, ali ću sledeći put turbinantne helikoide da usmerim tako da uteraju strah u kosti gospođi de Cinamomo. Uopšte joj se neće dopasti kad joj veštačka vilica odleti u neko gvatemalsko kukuruzište, ili kad joj riđa perika skonča na vašingtonskom Kapitolu; dabome da taj pravedni čin neću moći da izvedem bez drugih, možda neprijatnih poremećaja, ali uvek nekako mora da se plati, šta tu ima.

# LUKA, NJEGOVE TRAUMATOTERAPIJE

Luki su jednom operisali slepo crevo, a kako je imao nekog šugavog hirurga, rana mu je zagnojila i baš mu se bila dala na zlo jer se, pored gnojenja u žarkom tehnikoloru, Luka osećao gore nego isceđen limun. Uto su se pojavli Dora i Selestino i saopštili baš sad polazimo za London, hajde s nama na nedelju dana, ne mogu, cvili Luka, vidite, eto, pih, pa ja ću ti menjati zavoje, kaže Dora, usput ćemo kupiti oksižen i lekove, i eto njih u vozu i na trajektu a Luki se čini da će umreti jer iako ga rana uopšte ne boli, pošto je široka jedva tri centimetra, on svejedno razmišlja šta li se dešava ispod pantalona i gaćica, pa kad najzad stignu u hotel i on se pogleda, nalazi da gnojenje nije ni veće ni manje nego na klinici, a onda Selestino kaže vidiš, ovde ćeš naprotiv imati Tarnerove slike, Lorensa Olivijea i *steak and kidney pies* koji su radost mog života.

Sledećeg dana pošto je hodao kilometrima, Luka je savršeno izlečen, Dora mu stavi još dva-tri zavoja iz čistog uživanja u tome da mu čupa dlačice, i od toga dana Luka smatra da je otkrio traumatoterapiju koja se kako vidimo sastoji iz toga da se radi baš suprotno od onoga što propisuju Eskulap, Hipokrat i doktor Fleming.

U mnogim prilikama Luka, koji ima dobro srce, upražnjavao je svoj metod sa iznanađujućim ishodima među rođacima i prijateljima. Na primer, kad mu je tetka Angustija dobila nazeb prirodne veličine i provodila dane i noći kijajući iz nosa koji je svakim danom u svakom pogledu sve više nalikovao nosu nekog čudnovatog kljunaša, Luka se prerušio u Frankenštajna i sačekao je iza vrata sa mrtvačkim osmehom. Pošto je iz nje sunuo urlik od koga se diže kosa na glavi tetka Angustija je obeznanjena pala na jastuke koje je Luka iz predostrožnosti pripremio, i kada su je rođaci povratili iz nesvesti tetka je bila previše zaokupljena pričom o onome što se desilo da bi se setila da kija, na stranu to što je tokom više časova zajedno sa ostatkom porodice samo mislila kako će da trčka za Lukom naoružana, kao i oni, močugama i lancima od bicikla. Kad je doktor Feta proglasio primirje i svi se skupili da razjasne događaj i piju pivo, Luka je rasejano primetio da se tetka potpuno izlečila od kijavice, na šta mu je, uz nedostatak logičnog razmišljanja uobičajen u takvim trenucima, tetka odgovorila da to nije razlog da se njen sestrić ponaša kao kopile.

Takve stvari Luku obeshrabruju, ali ipak s vremena na vreme primenjuje na sebi ili iskušava na drugima svoj nepogrešivi sistem, pa tako kada don Krespo objavi da ga boli jetra, a tu dijagnozu večito prati pokret ruke koja pridržava utrobu i pogled kao u Berninijeve Svete Tereze, Luka udesi tako da njegova mati pošalje don Krespu sladak kupus sa kobasicama koje ovaj voli više od sportske prognoze, i kod trećeg tanjira već se vidi da bolesnik opet pokazuje zanimanje za život i njegove radosti, posle čega mu Luka nudi da to proslave uz katamarkansku lozovaču koja pomaže da masnoća bolje legne. Kad familija živne posle svega toga dolazi do pokušaja linčovanja, ali u dnu duše počinju da poštuju traumatoterapiju, koju zovu toterapija ili traumatota, isto im se hvata.

# LUKA, NJEGOVI SNOVI

Ponekad u njima podozreva koncentričnu strategiju leoparda koji se postepeno primiču nekom središtu, nekoj uzdrhtaloj i šćućurenoj zveri, uzroku sna. Ali budi se pre nego što leopardi stignu do lovine i ostaje mu samo miris prašume i gladi i kandži; samo to, a treba da zamisli zver, za šta nije kadar. Shvata da lov može trajati još mnogo snova, ali mu izmiče razlog tog tajanstvenog odlaganja, tog beskonačnog približavanja. Nema li san nekakav cilj, i nije li zver taj cilj? Čemu neprestano skrivanje njenog pravog imena: pol, majka, stas, incest, mucanje, sodomija? Zašto ako san baš tome služi, da mu najzad pokaže zver? Ali ne, onda san služi tome da leopardi nastave svojom beskrajnom spiralom a njemu da ostave samo krajičak čistine u prašumi, neki sklupčani oblik, ustajali miris. Njegova neuspešnost je kazna, možda pakao na veresiju; nikada neće saznati da li će zver raskomadati leoparde, hoće li uz riku zamahniti štrikaćim iglama tetke koja ga je onako neobično pomilovala dok mu je prala prepone, jedne večeri u letnjikovcu, negde dvadesetih godina.

# LUKA, NJEGOVI SONETI

S naduvenim zadovoljstvom kokoške, s vremena na vreme Luka snese sonet. Nemojte se čuditi: jaje i sonet liče po strogosti, savršenosti, čistoti, krhkoj čvrstini. Kratkoveki su, nepredvidivi, vreme i nešto nalik na sudbinu ih ponavljaju, istovetne i jednoobrazne i savršene.

Tako je čitavom dužinom svoga života Luka stvarao i stvorio nekoliko desetina soneta, svaki beše izvrstan a poneki nesumnjivo genijalan. Premda strogost i zatvorenost oblika ne ostavljaju mnogo mesta za inovacije, njegov nagon (u svim značenjima) pokušao je da ulije novo vino u staru mešinu, da pročisti aliteracije i ritam, a onu manijakalnu staricu rimu i da ne pominjemo, nju je naterao da radi tako iscrpljujuće stvari kao što je sparivanje Drakule i trabakule. Ali već neko vreme Luka je umoran od internih intervencija na sonetu pa je odlučio da ga obogati i u strukturi, što nam se može učiniti ludački s obzirom na neumoljivu neprilagodljivost te stare krabe sa četrnaest štipaljki.

Tako je rođen *Zipper Sonnet*, čiji naslov otkriva neoprostivu popustljivost prema uvlačanju anglicizama u našu književnost, ali ga je Luka upotrebio pošto je uzeo u razmatranje termin »rajsferšlus«, koji je nepopravljivi germanizam, a ni »patent-zatvarač« nije baš mnogo doprineo poboljšanju stanja stvari. Čitalac je shvatio, nadam se, da se taj sonet može i mora čitati kao što se »zip« podiže i spušta, što je u redu, ali osim toga, čitanje odozdo naviše ne izlazi sasvim na isto kao kad se čita odozgo naniže, što je očigledno kao namera, ali je teško za pisanje.

Luku je malo začudilo što svako čitanje ostavlja (ili u svakom slučaju na njega ostavlja) utisak prirodnosti, pa dabome, *elementary my dear Watson*, kad je, da pravo kažemo, izrada soneta zahtevala ludački mnogo vremena. Kako su kauzalnost i temporalnost sveobuhvatne u svakoj vrsti govora čim čovek hoće da saopšti neko složeno značenje, recimo sadržaj jednog kvarteta, čitanje dotičnog govora naglavačke gubi svaku smislenost makar i izazivalo nekakve nove slike i uspostavljalo nove odnose, pošto sintaksičke veze ne odgovaraju, a isto tako ni logika govora, pa onda dolazi do najnelogičnijih asocijacija. Da bi se došlo do mostova i veza trebalo je da nadahnuće deluje kao klatno, tako da se pesma razvija tamo-amo, tamo-amo, u po dva ili najviše tri stiha, uz proveru odmah po izlasku ispod pera (Luki soneti izlaze ispod pera, što je još jedna sličnost sa kokoškom) može li, pošto je niza stepenice sišao, uz njih i da se popne a da mu se noga nespretno ne omakne. *Hic* jeste da je četrnaest stepenika mnogo stepenika, a ovaj *Zipper Sonnet* u svakom slučaju ubraja u svoje zasluge manijačku istrajnost, stotinu puta prekinutu nezgodnim rečima i gubljenjem daha i gužvicama papira u korpu plop.

Ali najzad osana, evo nama *Zipper Sonneta* koji od čitaoca očekuje samo – ne računajući divljenje – da u svojoj glavi i dahu postavi tačke i zareze, jer da je i njih bilo, bez saplitanja se uza stepenice ne bi moglo.

## ZIPPER SONNET

*de arriba abajo o bien de abajo arriba*
*este camino lleva hacia sí mismo*
*simulacro de cima ante el abismo*
*arbol que se levanta o se derriba*

*quien en la alterna imagen lo conciba*
*será el poeta de este paroxismo*
*en un amanecer de cataclismo*
*náufrago que a la arena al fin arriba*

*vanamente eludiendo su reflejo*
*antagonista de la simetría*
*para llegar hasta el dorado gajo*

*visionario amarrándose a un espejo*
*obstinado hacedor de la poesía*
*de abajo arriba o bien de arriba abajo*

Je li da valja? Je li da je(su) lep(i)? Takva je pitanja Luka sebi postavljao pentrajući se i silazeći uz i niz četrnaest skliskih i preobražljivih stihova, kad eto ti ga na, tek što se prošepurio zadovoljan kao svaka kokoška kad snese jaje uz zaslužan retropropulizvni izbačaj, sa broda iz Sao Paola se iskrcao njegov prijatelj pesnik Aroldo de Kampos, koga uvek oduševljava semantička kombinatorika toliko da se sav uzvrpolji i nema mira sve dok nekoliko dana kasnije Luka sa divljenjem i zaprepašćenjem nije zatekao svoj sonet preveden na drugi jezik, i to znatno poboljšan, kao što se nešto niže može proveriti:

ZIPPER SONNET

odozgo nadole odozdo nagore
ova staza vodi prema sebi samo
simulakrum vrha pred ponorom tamo
deblo što izraste ili ga obore

drugu sliku ako uspeju da stvore
pesnici će biti ovog paroksizma
kad u zoru počne nova kataklizma
sa broda što tone spasiće ih more

od odraza jasnog zalud tada bekstvo
antagonistima znane simetrije
kad želi da priđe zlatnoj grani bliže

vidovnjaku tu je ogledalo sredstvo
tvrdoglavom tvorcu prave poezije
odozdo naviše odozgo naniže

»Kao što ćeš videti«, pisao mu je Aroldo, »nije to baš verzija, nego pre nekakva kontraverzija puna pesničkih sloboda. Pošto nisam uspeo da nađem odgovarajuću reč koju bih uklopio u prvi stih umesto tvoga 'ili pak', izbacio sam taj disjunktivni veznik iz njega. Kako bih se opravdao (pripremio sebi alibi) ponovio sam prestupnički postupak i u poslednjem stihu soneta (to je trik koji pokušava da se opravda, pa se izgovara simetrijom.)«

Kad dođe do tog dela pisma Luka poče sebi da govori kako su njegove ziperske brige bile mačji kašalj prema mukama onoga koji je sebi nametnuo zadatak da na svom jeziku prevali kastiljanske stepenice. Kao iskusni prevodilac bio je u stanju da proceni vrednost Aroldovog penjanja; lepa pesnička igra s početka postala je zamršenija i sada, što je isto tako lepo, Luka može da uživa u svom sonetu bez neizbežnog prenebregavanja kakvo se podrazumeva kod pisca koji nerazumno teži skromnosti i samokritičnosti. Nikad mu ne bi palo na pamet da objavi svoj sonet sa beleškama, ali ga je naprotiv oduševilo što će objaviti Aroldove beleške, koje na neki način parafraziraju njegove sopstvene teškoće u času kada ga je pisao.

»U tercetima«, nastavlja Aroldo, »ja sam potpisao (priznao i potvrdio) svoju tumačilačku (N. B. *too much*) *infelix culpa*. 'Antagonista' iz tvog soneta postao je 'antagonisti(ma)' 'tvrdoglavi tvorac poezije' postao je 'tvrdoglavi tvorac prave poezije'. Još jedan potpis moga *echec impuni*: umesto tvoga 'u praskozorje kataklizme / brodolomac što na pesak najzad stiže' postaje 'kad u zoru počne *nova* kataklizma / sa broda što tone spasiće ih more' (prevodilac živi u zabludi da stvara nešto *novo* pa misli da sme i da menja 'preobražljive' stihove?)«.

U krajnjoj proceni svog brižljivog paukolikog rada, Aroldo dodaje: »Metrika, autonomija sintagmi, *zipočita-*

*nje* naglavačke, sve je to, međutim, ostalo živo ispod ruševina pobeđenoga (premda ne i ubeđenoga) *traditraduttorea*; on tako, 'deridijanski', zato što ne može da ih prevaziđe, razlikuje svoje diferencije (*différences*)...«

I Luka je razlikovao svoje diferencije, jer ako je sonet sam po sebi jedan precizan satni mehanizam koji samo izuzetno uspeva da pokaže tačno vreme poezije, *zipper sonnet* s jedne strane zahteva tekući vremenski zaokret a sa druge brojanje unazad, te će oni svaki za sebe baciti bocu u more i raketu u svemir. Sada, uz biopsiju koju je izvršio Aroldo de Kampos u svom pismu, mogla bi se steći predstava o tom mehanizmu; sada bi se mogao objaviti dvostruki međunarodni sonet bez ikakve pedanterije. Raspoložen, videći svet u ružičastim bojama, miškinovski idiot kao i uvek, Luka je počeo da sanja o novom *zipper sonnetu* čije bi dvostruko čitanje bilo uzajamno protivrečno a istovremeno bi pružilo osnovu za treće moguće čitanje. Možda će i uspeti da ga napiše; za sada je ishod samo gomila kuglica od hartije, prazne čaše i pune pepeljare. Ali takvim se stvarima hrani poezija i ko ti kaže, ili ko kaže nekom trećem, da jednoga dana neće povratiti nadu i uspeti, uspeti se na visine Nedostižnoga.

# LUKA, NJEGOVE BOLNICE (II)

Vrtoglavica, iznenadna nestvarnost. Da li tada ona druga, nepoznata, prikrivana stvarnost skače posred lica kao žaba krastača, recimo nasred ulice (ali koje ulice?) jednog avgustovskog jutra u Marselju. Polako, Luko, pođimo redom, ovako se ne može ispričati ništa smisleno. Razume se da. *Smisleno*. Dobro, u redu, ali pokušajmo da se dočepamo kraja klupka, obično se u bolnicu dolazi kao bolesnik ali se može doći i u svojstvu pratioca, to ti se dogodilo pre tri dana, tačnije prekjuče u zoru kada su ambulanlna kola odvezla Sandru i tebe sa njom, tebe i njenu ruku u tvojoj, gledao si kako bunca u komi, imao si samo toliko vremena da u torbu staviš četiri-pet stvari podjednako pogrešnih i beskorisnih, u odeći sasvim nedovoljnoj za avgust u Provansi, pantalone i košulja i espadrile, za jedan sat si se odlučio za bolnicu i ambulantna kola i Sandra neće i lekar sa injekcijom za smirenje, za tili čas prijatelji iz zaseoka u brdima pomažu bolničarima da unesu Sandru u ambulantna kola, neodređen dogovor za sutra, telefoni, najlepše želje, dvostruka bela vrata se zatvataju kao čaura ili kripta i Sandra na nosilima jedva čujno bunca i ti se truckaš pored nje jer ambulatntna kola moraju da se spuste niz stazu od tucanika pre nego što dospeju do druma, ponoć sa Sandrom i dva bolničara i svetlom koje je već bolničko, cevčice i bočice i miris na ambulantna kola izgubljena usred noći u brdima dok ne stignu do auto-puta, brekću kao da uzimaju zalet i jurnu punom parom uz dvostruki zvuk sirene, onaj isti zvuk toliko puta slušan izvan ambulantnih kola i uvek uz isti grč u stomaku, istu odbojnost. Naravno da poznaješ put, ali Marselj je ogroman a bolnica je u predgrađu, dve neprospavane noći ne pomažu razumevanju krivina i prilaza, ambulantna kola, bela kutija bez prozora, samo Sandra i bolničari i ti i skoro dva časa dok se najzad ne nađeš pred ulazom, začkoljice, potpisi, krevet, lekar internista, ček za ambulatna kola, napojnica, sve to u nekoj tako reći prijatnoj magli, prijateljskoj otupelosti sad kada Sandra spava i ti ideš na spavanje, bolničarka ti je donela naslonjaču na rasklapanje, čim si je pogledao bilo ti je jasno kakve ćeš snove u njoj sanjati, ni vodoravne ni uspravne, snove iskošene, izmučenih bubrega, nogu što više u vazduhu. Ali Sandra spava pa je onda sve u redu; Luka puši još jednu cigaretu i naslonjača mu je začudo skoro udobna, eto nas u prekjučerašnjem jutru, soba 303 sa velikim prozorom i pogledom na daleke planine i previše bliske parkinge gde radnici sporih pokreta promiču izimeđu cevi i kamiona i đubreta, dovoljno da bi Sandra i Luka malo živnuli.

Sve je sasvim u redu jer je Sandri posle buđenja lakše i glava joj je bistrija, šali se sa Lukom i dolaze internisti i profesor i bolničarke i dešava se sve što treba da se desi u bolnici izjutra, mada u skori izlazak i povratak brdima i odmoru, jogurt i kisela voda, toplomer u guzi, arterijski pritisak, još papira za potpisivanje u administraciji i tada Luka, koji je sišao da te papire potpiše, a na povratku se izgubio pa ne može da nađe hodnik ni lift, prvi put, možda slabo, oseća žabu krastaču posred lica, osećaj ne traje dugo jer je sve uredu, Sandra se nije mrdnula iz kreveta i moli ga da joj kupi cigarete (dobar znak) i da telefonira prijateljima kako bi ih obavestio da je sve u redu i da će se Sandra uskoro vratiti sa Lukom u brda i mir, i Luka kaže da, ljubavi, kako da ne, iako zna da taj skori povratak uopšte neće biti tako uskoro, traži novac koji se, na sreću, setio da ponese, beleži telefone i onda mu Sandra kaže da nemaju pastu za zube (dobar znak) ni peškire pošto u francuske bolnice treba doći sa svojim peškirom i svojim sapunom a ponekad i sa ćebetom, onda Luka pravi spisak za toaletnu kupovinu i dodaje jednu košulju za presvlaku za njega i gaćice i spavaćicu i sandale za Sandru, jer su Sandru izneli bosu razume se, da bi je uneli u ambulantna kola i ko bi u ponoć mislio na takve stvari kad su za tobom dve neprospavane noći.

Ovoga puta Luka uspeva pri prvom pokušaju da pronađe izlaz što i nije tako teško, liftom u prizemlje, privremeni prolaz od lesonita sa zemljanim podom (preuređuju bolnicu i treba slediti strelice koje obeležavaju put iako ga nekad i ne obeležavaju ili ga, pak, obeležavaju na dva načina); posle jedan strašno dugačak prolaz, ovoga puta istinski, recimo titularni prolaz sa salama i kancelarijama sa obe strane, sa ordinacijama i kabinetom za rendgen, sa nosilima i bolničarima i bolesnicima ili samo bolničarima ili samo bolesnicima, skretanje ulevo pa još jedan hodnik sa svime napred opisanim i još mnogo toga, tesan hodnik koji vodi do raskršća i najzad poslednji hol koji vodi ka izlazu. Deset je ujutro i Luka pomalo mesečarski pita gospođu na *Informacijama* kako se može doći do stvari sa spiska i gospođa mu kaže da treba izaći iz bolnice nalevo ili nadesno, svejedno, na kraju se dođe do tržnog centra i naravno, ništa nije baš tako blizu, jer je bolnica ogromna i nalazi se u kraju daleko od centra, ekscentričnom kraju, rekao bi Luka da nije bio toliko slomljen, toliko van sebe, još uvek u drugoj sredini tamo u brdima, i najzad evo Luke u kućnim papučama i košulji koju su zgužvali prsti noći u tobožnjoj naslonjači, kreće u pogrešnom pravcu i nađe se u drugom bolničkom paviljonu, vraća se bolničkim ulicama i najzad pronalazi izlaz, do tada je sve u redu, premda, s vremena na vreme, krastača posred lica, ali se on grčevito drži za duhovnu nit koja ga spaja sa Sandrom tamo gore u onom paviljonu koji se više ne vidi i prija mu pomisao da je Sandra malo bolje, da će joj odneti spavaćicu (ako nađe) i pastu za zube i sandale. Ide niz ulicu pokraj bolničkog zida koji ga prljavo podseća na zid groblja, vrućina je rasterala svet, *nema nikoga*, samo automobili koji ga skoro okrznu u prolazu, jer je ulica uska, bez drveća i senke; podnevni čas toliko hvaljen u poeziji, no, obeshrabrenog i pometenog Luku on polako dokrajčuje; čeka da najzad ugleda robnu kuću ili barem dve-tri radnice ali ništa, više od pola kilometra da bi na kraju iza jedne krivine otkrio da Mamon još nije mrtav, tu je pumpa a to je već nešto, radnja (zatvorena) i nešto niže samoposluga i starice sa korpama i kolica i parking pun automobila. Tu Luka tumara po raznim odeljenjima, nalazi sapun i pastu za zube ali ne i ostalo, ne može Sandri na oči bez peškira i spavaćice, pita kasirku koja mu savetuje da krane desno pa onda levo (ne baš levo ali tu negde) u Aveniju Mišle gde je velika robna kuća sa peškirima i tim stvarima. Sve zvuči kao ružan san pošto Luka pada od umora a vrućina je jeziva i nije baš kraj u kome ima taksija i svako novo obaveštenje ga sve više udaljava od bolnice. Pobedićemo, kaže u sebi Luka brišući lice, zacelo je ovo samo ružan san, Sandra, mečkice, ali pobedićemo, videćeš, imaćeš peškir i spavaćicu i sandale, ko ih samo smisli, majku mu njegovu.

Dva-tri puta zastaje da obriše lice, to znojenje nije prirodno, to je nešto skoro kao strah, besmislena bespomoćnost usred (ili na kraju) jednog mnogoljudnog grada, drugog po veličini u Francuskoj, kao da mu je krastača pala među oči, više ne zna gde se stvarno nalazi (nalazi se u Marselju, ali gde, to *gde* nije mesto na kom je sada), sve izgleda nekako smešno i besmisleno i tačno u podne, onda mu jedna gospođa kaže, aa, robna kuća, produžite onuda, posle skrenite desno pa izađite na bulevar, preko puta je Korbizije i odmah pored robna kuća, neizostavno, spavaćice sigurno, evo na primer moja, nema na čemu, zapamtite prvo onuda pa onda skrenite.

Luki su se patike upalile, pantalone su obična krpa a o gaćicama da ne govorimo, one kao da su postale potkožne, prvo ovuda pa se onda krene kad tamo *Cite Radieuse*, iznenada i iz beznada pred njim je bulevar sa drvoredima a preko puta čuvena Korbizijeova zgrada koju je dvadeset godina ranije posetio u predahu putovanja po jugu, samo što onda iza blistave zgrade nije bilo nikakve robne kuće a iza Luke nije bilo tih dvadeset godina. Ništa od toga nije zaista važno pošto je blistava zgrada toliko propala i tako je malo blistava kao i prvi put kada ju je video. Nije to važno sad kada prolazi ispod trbuha ogromne životinje od cementa kako bi došao do spavaćice i peškira. Nije ali se ipak dešava tu, baš na jedinom mestu koje Luka poznaje u tom marseljskom predgrađu u koje je dospeo neznano kako, kao neki padobranac bačen u dva izjutra na napoznatu teritoriju, u neku bolnicu-lavirint, išao samo napred prateći uputstva i prazne ulice, jedini pešak među automobilima kao među ravnodušnim bolidima, i ovde ispod trbuha i šapa od betona onoga jedinog što poznaje i prepoznaje u nepoznatom, tu mu žaba krastača zaista pada posred lica, vrtoglavica, iznenadna nestvarnost, i tada se ona druga, nepoznata, prikrivena stvarnost otvara na trenutak kao kad se nožem zaseče u magmu koja ga okružuje; Luka vidi, boluje, drhti, miriše istinu, izgubijen je i znoji se daleko od stubova, uporišta, poznatih, prisnih stvari, kuće u brdima, predmeta u kuhinji, ljupkih navika, daleko čak i od Sandre koja je tako blizu; ali gde, zato će sada morati ponovo da pita kako da se vrati, nikad neće naći taksi u ovom neprijateljskom kraju i Sandra nije Sandra, ona je bolesna životinjica u bolničkom krevetu ali baš jeste, to je Sandra, taj znoj i teskoba su znoj i teskoba, Sandra je ono tako blisko u neizvesnosti i mučnini, i onda konačna istina, udarac zadat laži jeste biti izgubljen u Marselju sa bolesnom Sandrom a ne sreća sa Sandrom u kući u brdima.

Dabome, ta stvarnost neće dugo trajati, srećom, razume se, Luka i Sandra će izaći iz bolnice, Luka će zaboraviti trenutak kada usamljen i izgubljen otkriva besmisleno da nije ni sam ni izgubljen, a ipak, ipak. Nejasno mu dolazi na um (oseća se bolje, počinje da se podsmeva tim detinjarijama) neka priča koju je pročitao pre mnogo vekova, povest neke lažne muzičke grupe u jednom bioskopu u Buenos Ajresu. Mora da postoji nekakva sličnost između tipa koji je izmislio tu priču i njega, ko zna kakva, u svakom slučaju Luka sleže ramenima (stvarno to radi), pa najzad pronalazi spavaćicu i sandale, šteta što nema espadrila za njega, to je neuobičajeno pa čak i nečuveno za jedan grad na krajnjem jugu.

# LUKA, NJEGOVI PIJANISTI

Dug je spisak a duga i klavijatura, dirke bele i crne, slonovača i mahagoni; život u tonovima i polutonovima, sa papučicama i prigušnicama. Kao mačka na klavijaturi, snobovsko uživanje tridesetih godina, sećanje se pomalo oslanja na slučaj i muzika izranja odovud i odonud, daleka jučerašnjica i današnjica ovoga jutra (sasvim tačno, pošto Luka piše dok neki pijanista svira za njega sa ploče koja škripi i brekće kao da joj je teško da prebrodi četrdeset godina, da jurne u vazduh koji još nije bio rođen onoga dana kada je snimljen *Blues in Thirds*).

Dug je spisak, Dželi Rol Morton i Vilhelm Bakhaus, Monika Has i Artur Rubinštajn, Bad Pauel i Dinu Lipati. Nesrazmerne ruke Aleksandra Brajlovskog, ručice Klare Haskil, način na koji sama sebe sluša Margareta Fernandes, sjajan prodor Fridriha Gulde u portenjske navike četrdesetih, Volter Gizeking, Džordž Arvanitas, nepoznati pijanista u jednom baru u Kampali, don Sebastijan Pijana i njegove milonge, Mauricio Polini i Marijana Mek Partland, između neoprostivih zaborava i razloga da se završi sa nabrajanjem koje bi na kraju počelo da zamara, Šnabel, Ingrid Hebler, Solomonove noći, bar Ronija Skota, u Londonu, gde neko ko se vraćao za klavir zamalo da nije prolio pivo po kosi Lukine žene, a taj neko je bio Telonijus, Telonijus Sfera, *Thelonious Sphere Monk*.

U samrtnom času, ako bude vremena i bistre glave, Luka će tražiti da čuje dve stvari, Mocartov poslednji kvintet i izvestan klavirski solo na temu *I ain't got nobody*. Ako oseti da nema dovoljno vremena, tražiće samo ploču sa klavirom. Dug je spisak, ali je on već izabrao. Iz dna vremena, pratiće ga Erl Hajns.

# LUKA, NJEGOV DUGI HOD

Ceo svet zna da je Zemlja udaljena od drugih zvezda promenljiv broj svetlosnih godina. Ono što malo ljudi zna (u stvari, znam samo ja) jeste da je Margareta od mene udaljena poprličan broj puževskih godina. U početku sam mislio da je reč o kornjačinskim godinama, ali sam morao napustiti tu preterano laskavu jedinicu. Ma koliko sporo koračala kornjača, ja bih do Margarete na kraju ipak stigao, ali mi zato Osvald, moj omiljeni puž, ne ostavlja ni najmanju nadu. Ko zna kada je počeo hod koji ga je neprimetno udaljavao od moje leve cipele, pošto sam ga prethodno usmerio u pravcu koji će ga odvesti Margareti. Pošto se nasitio sveže salate, bio s ljubavlju pažen i mažen, njegovo početno napredovanje je obećavalo, pa sa nadom rekoh u sebi da će pre nego što bor u dvorištu pređe visinu krova, Osvaldovi srebrnasti rogovi ući u Margaretino vidno polje da bi joj preneli moju ljubaznu poruku; u međuvremenu, odavde bih srećno mogao da zamišljam njenu radost kada ga opazi, mahanje pletenica i ruku.

Možda su svetlosne godine sve jednake, ali puževske nisu, i Osvald više ne zaslužuje moje poverenje. Nije da se on zadržava, jer bio sam u mogućnosti da se po njegovom srebrnastom tragu uverim kako svoj hod nastavlja i ide u dobrom pravcu, premda to za njega znači penjanje i silaženje niz nebrojene zidove ili prelazak preko celokupne fabrike rezanaca. Ali je meni još teže da se uverim u njegovu hvalevrednu tačnost, pa su me dva puta hapsili razbesneli čuvari kojima sam morao da govorim najveće laži pošto bi mi istina donela kišu udaraca. Tužno je što me Margareta u svojoj naslonjači od ružičastog baršuna čeka na drugom kraju grada. Da sam se namesto Osvaldom poslužio svetlosnim godinama, već bismo imali unučiće; ali kad se voli dugo i slatko, kada hoće da se dođe do kraja jednog polaganog čekanja, logično je izabrati puževske godine. Tako je teško, posle svega, reći koje su prednosti a koje nepogodnosti ovih izbora.

# POGOVOR

Hulio Kortasar, rođen u Briselu 1914, a umro u Parizu, 1984, uprkos mestu rođenja i smrti, po obrazovanju i razvoju, potpuno pripada argentinskoj književnosti. U prvome je presudan njegov susret, u Učiteljskoj školi, u Buenos Ajresu, sa Arturom Marasom i Visenteom Fatoneom, koji ga uvode u poeziju francuskog simbolizma i izvesne tokove istočnjačke misli. Obe te inicijacije presudne su za njegovo delo.

Kortasar je bio profesor francuske književnosti u gimnazijama u Buenos Ajresu i na Univerzitetu u Kuju. Posle prvih putovanja u Pariz, pedesetih godina, tamo se stalno nastanio, ostavši najpre da radi kao prevodilac za UNESKO, a potom se potpuno posvetivši pisanju.

Kortasarovo pripovedno delo – tek povremeno pisanje poezije, objavljivane u časopisima i knjigama-kolažima – dostiže punoću počev od zbirke pripovedaka *Bestijarijum* iz 1951. godine. Proisteklo iz izvesnog kasnog nadrealizama i vezano za savremenike, Andrea Bretona, Vladimira Nabokova, Mišela Bitora, stalno preispituje književne institucije (žanrove, oblike, rečnike). Time se Kortasar vezuje za antiknjiževnost i estetiku demontaže, vidnu i kod urugvajskog pisca Felizberta Ernandesa, čije je delo Kortasar ne samo cenio, nego i doprineo njegovom prevrednovanju. Postoji i izvesna srodnost sa Masedoniom Fernandesom i Ramonom Gomesom de la Sernom, po osećaju za književnost kao falsifikat nepostojećeg ili nemogućeg originala.

*Tamo neki Luka*, peta po redu knjiga Hulija Kortasara koja se objavljuje u biblioteci Reč i misao – prethode joj

*Drugo putovanje* (1996), *Tango povratka* (1997), *Apokalipsa u Solentinameu* (1998) i *Kraj etape* (1999) – nije zbirka priča u pravom smislu reči. To je knjiga zapisa o liku koji iz anegdote u anegdotu, iz poglavlja u poglavlje, prolazi kroz različita iskustva, i o njima pripoveda ili je naprosto njihov junak.

Ovaj prevod u celini prenosi izdanje iz 1994. godine, dopunjeno dvema pričama („Luka, njegovi uragani" i „Luka, njegove hipnofobije") koje su objavljene u monografskom broju časopisa *Cuadernos Hispanoamericanos* posvećenom Kortasaru, iz 1980. godine.

Kortasar se u *Tamo nekom Luki*, kako to često čini, bavi temom temi pisanja i književnosti. U priči „Đavolje bale", verovatno najvažnijoj među tekstovima sa tom problematikom, Kortasar uvodi dvojnost stvarnog i nadstvarnog. U *Tamo nekom Luki* eksplicitno je razvija u poglavljima „Kako biti uhvaćen" i „Kuda je upravljen pogled". U poglavlju „Kako biti uhvaćen", pripovedač je zarobljenik teksta i sopstvenog pripovedanja: u izvesnom smislu, tu je opisan pirandelovski ili unamunovski sukob između teksta i njegovog tvorca. U priči „Kuda je upravljen pogled", međutim, jedan tekst proizvodi drugi, drugačiji tekst, i tako u beskraj, te, stvarajući neku vrstu negacije kružnog kretanja, prelazi u spiralno, koje povezuje sva poglavlja.

Nadrealistički pečat presudan je i za ovu knjigu. Za Kortasara književnost nastaje iz povlašćenog položaja koji mu omogućava da napusti mehanizme navike i da opazi ono nadrealno, ostavljajući slobodu nagoveštajima koje daju nesvesno i onirično. Odlazeći iza estetičkog, Kortasar zadržava izvesnu mističku pozadinu gde se svetovno poima kao čudnovato, čovekova povest kao progonstvo, a svakodnevni život kao otuđenje od jedne moguće autentičnosti koja, međutim, ostaje neuhvatljiva.

Kortasarov uticaj bio je izuzetan ne samo na pisce, od kojih neki do karikaturalnosti podražavaju njegovu upotrebu fantastike i raskid sa normativnom sintaksom u korist govorne, nego naročito na čitalačke navike i prihvatanje sloma odnosa prozirnosti i sklada između onoga što govori književnost i onoga što je referencijalna, uređena, razumljiva stvarnost.

A. M.

# SADRŽAJ

## I

Luka, njegovi bojevi s hidrom ..... 9
Luka, njegove kupovine ..... 12
Luka, rodoljub ..... 15
Luka, rodoljubac ..... 16
Luka, dvoroljub ..... 17
Luka, njegove komunikacije ..... 19
Luka, njegove intrapolacije ..... 21
Luka, kritičar stvarnosti ..... 22
Luka, dekoncertisan ..... 23
Luka, njegovi časovi španskog ..... 25
Luka, njegova ekološka razmišljanja ..... 27
Luka, njegovi solilokvijumi ..... 29
Luka, njegova veština izlaganja ..... 31
Luka, njegove bolnice (I) ..... 35

## II

Sudbina objašnjenja ..... 39
Ćutljivi suvozač ..... 40
Verujte, moglo bi se desiti ..... 44
Porodične veze ..... 46
Kako da se mimoiđe ..... 47
Malecki raj ..... 49
Životi artistova ..... 52
Teksturologije ..... 57
Šta je to poligraf? ..... 59

Železnička posmatranja .......................... 62
Plivanje u bazenu sa gofijom ...................... 64
Porodice ....................................... 67
*„Now shut up, you distasteful Adbekunkus"* ........... 68
Ljubav 77 ...................................... 70
Novine u gradskom saobraćaju ..................... 71
Ali ko od šale već i šesti ode....................... 76
Dijalog raskida ................................. 77
Lovac na sumrake ............................... 79
Kako biti uhvaćen ............................... 81
Kuda je upravljen pogled ......................... 84

## III

Luka, pogrešna mu pevanja ....................... 89
Luka, njegova ustezanja .......................... 91
Luka, njegova proučavanja potrošačkog društva ....... 93
Luka, njegovi prijatelji ........................... 94
Luka, njegove čistke 1940. ........................ 98
Luka, njegovi rođendanski pokloni ................. 100
Luka, njegovi metodi rada ....................... 102
Luka, njegove hipnofobije ........................ 103
Luka, njegove pristrasne rasprave .................. 105
Luka, njegovi uragani ........................... 109
Luka, njegove traumatoterapije.................... 111
Luka, njegovi snovi.............................. 113
Luka, njegovi soneti ............................ 114
Luka, njegove bolnice (II) ....................... 119
Luka, njegovi pijanisti ........................... 125
Luka, njegov dugi hod .......................... 127

Pogovor....................................... 129

Izdavačko preduzeće
RAD
Beograd, Dečanska 12

*

Glavni urednik
NOVICA TADIĆ

*

Grafički urednik
MILAN MILETIĆ

*

Nacrt za korice
JANKO KRAJŠEK

Digitalizacija slova i korice
DARKO STANIČIĆ

*

Za izdavača
SIMON SIMONOVIĆ

*

Štampa
Elvod-print, Lazarevac

CIP – Каталогизација у публикацији
Народна библиотека Србије, Београд

860 (82) – 36

КОРТАСАР, Хулио

Tamo neki Luka / Hulio Kortasar ; [sa španskog prevela Aleksandra Mančić]. – Beograd : Rad, 2001 (Lazarevac : Elvod-print). – 131 str. ; 21 cm. – (Reč i misao ; knj. 522)

Prevod dela: Un tal Lucas / Julio Cortázar. – Str. 129–131: Pogovor / A. [Aleksandra] M. [Mančić].

ISBN 86-09-00740-5

1: Манчић, Александра

ID=92316940

www.ingramcontent.com/pod-product-compliance
Lightning Source LLC
LaVergne TN
LVHW051129080426
835510LV00018B/2321